TA VODA POHÁDKOVÁ

Jiří Dlouhý

TA VODA POHÁDKOVÁ

Příběhy
od vody

Obsah

Řekni mně, ty má rybářská lásko,
vždyť ty jsi všechny jiné přežila.
Proč z boháče, co bohatý je vší tvou krásou,
stal by se žebrák, kdyby ty jsi nebyla.

Předmluva

„Zahalené vábí", napsal v jedné ze svých knih Miroslav Horníček. Tato pouhá dvě slova vystihla mimo jiné i to kouzlo, které má pro rybáře jistě i ta sebemenší vodní plocha, rozprostírající se před ním. Blýskající se hladina halí pod sebou zcela jiný svět, naplněný jen stěží krocenou představivostí a nedočkavým očekáváním vzrušujících chvil. Tato enigmatická mozaika pocitů je navíc zarámována unikátními kulisami, které příroda jen vzácně vystavuje na obdiv těm, kteří ji milují a umí se na ni dívat očima porozumění.

Rybaření potom bývá spíše jen záminkou k tomu, aby jeden u té pohádkové vody seděl dlouhé hodiny a omluvitelně sobecky vychutnával tu všechnu krásu kolem.

V této knize jsou popsány příhody, z nichž mnohé mně byly dopřány prožít v téměř ještě panenské, nepotlačené přírodě. Dodatečně se s vámi rozdělím o pro mě nezapomenutelné chvíle, kterými jen rybaření může obštědřit ty trpělivé z nás.

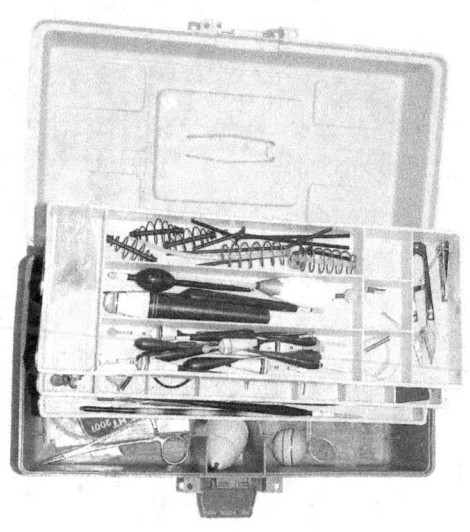

Rybařina to je dřina

Rybářím více než šedesát let, a vždy jsem si myslel, že mně to rybaření šlo. Umím obstojně nahazovat, a to dokonce i se splávkem, a umím uvařit krupicové těsto. I když na to nyní ne zcela dobře vidím a dlouho mně trvá se trefit koncem vlasce do očka, umím dokonce i navázat háček. Snad ale ze všeho nejvíce umím tiše sedět na břehu, a někdy dokonce ani nemusím při tom rybaření nahodit prut.

Takže jsem byl nedávno překvapen výrokem mé manželky Olgy, že jsem rybář „na baterky". U nás v rodině máme hodně věcí „na baterky" a nějako jich stále přibývá. Tak například „na baterky" je naše televize, protože stačí sebemenší polechtání dálkovým ovladačem a televize dělá vše možné, jen ne to co Olga chce. Do této neslavné kategorie také patřil náš pes, který místo aby podal poslušně packu, dával nám všem lízance, podobné nefalšovaným francouzákům.

No a nyní tam patřím i já. Jako postačující kvalifikaci Olga uvedla skutečnost, že si jen těžko vzpomíná, kdy jsem vlastně naposledy ulovil nějakou rybu. Chabě jsem jí připomněl kapra, kterého jsem chytil v roce 1975 na Podhoře v Mariánských Lázních, a na kterého již zřejmě zapomněla.

Trvalo mně delší chvíli si vzpomenout na nějaký jiný, jaksi podstatnější úlovek, než byly běličky na Labi či vyproštěné vázky, které také počítám za rybářský úspěch. Pamatoval jsem si jen jednoho kapra, uloveného před třemi roky a kterého jsem pustil. Toho jsem ale nemohl použít jako argument, protože jsem kapra pustit nesměl. A to nejenom v souladu s platnými rybářskými zákony v Austrálii, ale i v souladu se striktními instrukcemi mé choti Olgy, že žádné, ba i sebemenší ryby pouštět nesmím. Olga totiž strašně ráda jí ryby.

Ten den jsem byl z Olgy naříčení tak rozrušen, že jsem večer nespal až do doby, kdy jsem tvrdě usnul s přesvědčením, že co nejdříve musím jet na ryby a napravit mou reputaci.

Druhý den ráno mé přesvědčení ale již postrádalo tu původní míru nadšení, a já začal hledat výmluvy, jak sice na ryby jet, ale jako obvykle, nic přitom neulovit. Jen třeba samotné pomyšlení na to, jak případný úlovek usmrtit, mně v mé mysli působilo nepohodlí. Ačkoliv jsem již mnohokráte v minulosti rybu zabil, často to dopadlo tak, že jsem se buď uhodil do prstu či jsem se popíchal o rybí ostny. Po zabití následovalo nezbytné škrábání, kuchání a mytí ryby, potom mytí rukou, obličeje a obvykle i košile, či co jsem měl právě na sobě.

5

Zrovinka jsem o tom všem rozjímal, když najednou zazvonil telefon, a byl to Karel! Nevěřil jsem mu, že volá z místa nějakých dvacet kilometrů od nás. Podle mých výpočtů měl volat z jedné cukrárny v jižních Čechách. Uvěřil jsem teprve, až když jsem ho viděl a potřásl mu jak jednou, tak i druhou rukou. Karel je totiž „pan rybář", a já jsem okamžitě do něj vložil veškeré své naděje na kolosální úlovek, kterým jsem chtěl jednou provždy Olgu ohromit.

Domluvili jsme se, a za pár dnů na to jsme vyrazili do vnitrozemí, na přehradu Wivenhoe, z australského Gold Coastu něco přes sto kilometrů vzdálenou. Na rozdíl od mé minulé návštěvy, tentokráte jsme nezabloudili a našli nejenom tu správnou cestu, ale i správný kemp. Terry, správce kempu, nám ze žlutě a červeně počmáraného plánku přidělil místo číslo 54 a ujistil nás, že voda v přehradě je nejvýše jak kdy byla. Dodal, že ryby jsou přecpané z nových lovišť, a tudíž snad ani nestojí za to si kupovat povolenku.

To nevypadalo dobře až do chvíle, kdy jsem si s potěšením uvědomil, že tentokráte nejsem na ty ryby sám. Karel jistě něco vymyslí, přecpaná břicha nebo ne!

Než jsme se ale mohli plně oddat rybaření, museli jsme nejprve postavit stan. Rezolutně jsem odmítl veškeré Karlovy argumenty, že to je můj stan, a tak tedy musím vědět, jak se staví. Společně jsme se potom pustili do rozbalování a rozmotávání všeho, co jsme našli v tašce. Mnohokráte jsme zatloukali kolíky a stejně tak často jsme je opět vytahovali. Stan byl buď špatně natočen vchodem či druhý vchod byl tam, kde neměl být, nebo stan stál správně, ale my to nevěděli.

Když se nám podařilo zjistit, kam patří dva dlouhé, skládací a ohebné pruty, mysleli jsme si že máme vyhráno. Později jsme ale objevili ještě jeden takový prut, trochu menší, o kterém jsme se nemohli dohodnout, kam patří. Takže prvý den ten prut podporoval stan na místě, kam to Karel určil, a druhý den zase byla řada na mém rozhodnutí. Obě naše rozhodnutí byla ale špatná, a až třetí den jsme konečně objevili, kam ten třetí prut skutečně patřil. Takže celý víkend, kdy blízko nás stanovaly dvě rodiny, náš stan vypadal jaksi neobvykle. Nebudil asi v žádném důvěru v naše schopnosti, což vysvětlovalo to, že kdykoliv jsme chytili nějakou rybu, jeden z těch bodrých hlav rodin vždy přiběhl s kleštěmi a háček rybě opatrně vyndal.

Ryby, které jsme lovili, se i s velkou dávkou fantazie musely klasifikovat jen jako „malé". Stejně jako ptákům, tak i jim chutnalo krupicové těsto, a Karel se čas od času oddával představám, jaké by

6

to bylo super rybaření, kdybych nezapomněl do toho těsta zamíchat anýz a žluté barvidlo. Druhý den jsme změnili strategii a nahodili sice také na těsto, ale tentokráte daleko od břehu. Dlouho se nic nedělo, což nám vyhovovalo. Uvařili jsme si kafčo, najedli jsme se a přemýšleli, co si dáme k obědu.

Pro dramatičnost bych měl začít něčím, jako „najednou" nebo „z ničeho nic", ale nezačnu, protože to prvé zabrání, které rozdrnčelo naviják, jsme zcela propásli. Než jsme se zvedli ze židle, než jsme se přišourali k prutům a než Karel stačil prut zvednout, braní přestalo. Potom jsme se jen dohadovali, jaká a jak velká ryba to mohla být. Já tvrdil, že to byl kapr, tak pět kilo veliký, a Karel tvrdil, že ta ryba nebyla ani kapr a ani tak veliká nebyla. Když jsem ho vyzval, aby tedy před svědky řekl co to bylo, odpověděl, že „co on ví, jaké ryby tam jsou". A tak jsem vytáhl svou rybářskou příručku, kde bylo tolik vyobrazených ryb, že jsme si dokonce i přáli, aby některé v té přehradě nebyly. Obzvláště ne ty zubaté a pichlavé.

Třetí den jsme opět změnili strategii. Hlavním důvodem byl ustavičný déšť, který se na nás lil z nízkých, nikde snad nekončících mraků. Teplota se stále držela na svých 30° C, takže mé téměř uschlé ponožky z předešlého dne, se opět nasákly vlhkostí. Karel mně vítězoslavně oznámil, že chleba, který jsme si přivezli, je již plesnivý a těšil se, jak s ním navnadí ryby v jezeře. Vhodil ho do kbelíku i s mravenci, kterým ten chleba i přes svou plesnivost stále ještě chutnal, a slíbil, že jakmile přestane pršet „půjdeme na ně".

Když se k večeru tak stalo, jeden prut na těsto a jeden na chcíplou rybičku nám zaručoval kýžený úspěch. Prvé záběry na těsto byly zdlouhavé a po několika nepodařených zásecích Karla naprosto otrávily. Zahrával jsem si s různými rýmovačkami, jako například jsem hledal obměnu k této: „Když Karlovi zaberou, tak mu těsto seberou." Dál jsem to ale nestačil domyslet, neboť Karel měl najednou zásek.

Prut se ohnul a Karel „valil" rybu ven. Jaký to byl na něj krásný pohled! Než jsem ale stačil doběhnout pro fotoaparát, Karel se již skláněl nad svým úlovkem a bylo po boji. Cítil jsem, že to byla škoda, protože ta fotografie by se jistě líbila Karlově paní cukrářce, která na něj čekala doma v jižních Čechách.

Karel ale nechytil nic, co by se dalo považovat za pěknou rybu, a tak ohnutý nad prutem, se jen velice pomalu smiřoval s touto zlou

skutečností. Namísto ryby Karel ulovil želvu, která se zamotala do vlasce a neustále cvakala čelistí po Karlových prstech, které ji z té změti chtěly vymotat. Nebyla to velká želva, jen tak dvacet centimetrů, a bylo jasné, že se jí situace, v jaké se nacházela, vůbec nelíbí. Když ji Karel konečně z vlasce vymotal a obrátil na nohy, zcela bez poděkování si to zamířila k vodě a ani nám nestačila slíbit, že příště nechá naše těsto na pokoji. Potom teprve až záběr na mrtvou rybičku nám vylepšil náladu a Karel po krátkém zápase vytáhl na břeh „kurvatrumana". Divil se, jak je velký a porovnával ho k těm, co žili či ještě žijí v Labi. Tento australský to ale vyhrál na všech frontách. Byl nejenom větší a bachratější, ale hlavně na nás nesrozumitelně bručel. Jako takový mrzout, kterému se zrovinka něco nelíbí.

Když opět odplaval mezi trávu, byla již téměř tma a další rybaření by se jen proměnilo v odhánění komárů. Ačkoliv bylo teprve sedm hodin večer, byli jsme znavení sluncem, deštěm, horkem a i samotným rybařením tak hodně, že jsme ulehli a prospali celou noc.

Čtvrtý den jsme nafoukli gumový člun a rozhodli se lovit ze člunu. Na štítku člunu bylo sice napsáno, že je určen pro dvě osoby, ale Karel zcela správně poukázal na obrázkovou specifikaci, která byla určena pro ty z nás, kteří neumějí číst. Na ní byly také vykresleny dvě postavy, ale jedna byla jen poloviční velikosti. Z toho jsme usoudili, že člun je pro jednoho dospělého a pro jedno dítě či trpaslíka z pohádky o Sněhurce. Karel hned autoritativně rozhodl, že on je ta větší osoba a na mě zbyla role dítěte, popřípadě jednoho z těch trpaslíků. Seděl jsem tedy na špičce a šplouchající vlnky mně vytvořily nápadně mokré místo na kalhotách, přesně tam, kde jsem to ze společenských důvodů co nejméně potřeboval.

Karel zavesloval člun doprostřed zátoky, a brzy mírný vánek nás opět unášel k našemu břehu. Jelikož během toho unášení nám nic nezabralo, po pár pokusech jsme to vzdali. Potom jsme se asi hodinu vůbec netěšili na opětné skládání člunu do vaku, kam se bez problémů vešel jen jednou, a to poprvé, když jsem ho koupil. Než se ale tak večer stalo, rozhodli jsme se zavážet návnadu co nejdále od břehu, tak jako jsem to jednou viděl na Jesenické přehradě. Karel se mnou souhlasil a brzy jsme měli opětně nalíčenou naši osvědčenou kombinaci prutů s těstem a mrtvou rybičkou.

Čekali jsme na zázrak v podobě kapra či v podobě nějakého monstra, na které se těšil Karel. Po několik hodin se však nic nedělo

9

a tak jsme usoudili, že nás ryby nějako tajně připravily o návnadu. Spolu s prázdnými háčky jsme vytáhli i prohnilé větvičky křoví ze dna, a bylo nám jasné, že to nebylo to právě nejlepší místo k položení návnad.

Podruhé jsme je raději zavezli blíže a na záběr jsme potom nemuseli dlouho čekat. Po několikátém záběru se Karlovi konečně podařilo rybu zaseknout. Byl to typický, kaprový záběr – takový, co roztočí cívku a mlátí špičkou prutu. Zpočátku prut byl dosti prohnutý a já se začal dětinsky těšit, že konečně budu mít rybu pro Olgu. Karel totiž souhlasil, že to co chytí on, budeme před Olgou vydávat za mé úlovky, a to co chytím já, budeme vydávat za Karlovy úlovky, až naše rybaření přijde na přetřes v té cukrárně v jižních Čechách.

Brzy se ale zavěšená ryba proklestila skrze všechno to houští u dna, a prut se téměř narovnal. Když ji Karel vytáhl až na břeh, nechtěl jsem věřit svým očím. Byla jen o něco větší než ta mrtvá rybička, kterou jsme používali jako návnadu na druhém prutu, a já hned pojal podezření, že se to rybí dítě tou koulí těsta udusilo.

Když Karel potom ulovil ještě dvě želvy a několik „kurvatrůmanů", veškeré mé naděje na lepší rybářské zítřky se rozplynuly. Stačili jsme již jen zahodit všechny zkažené potraviny do jedné z připravených beden na odpadky a potom společně se správcem kempu Terrym, celý další den svorně nadávat na ten způsobený smrad.

Poslední den hned ráno nám jakási velice přátelská straka odnesla poslední kousek těsta a jakýsi nepoznaný tvor nám snědl poslední, ne zcela ještě plesnivý kousek chleba, který jsme neprozřetelně nechali na stole před stanem. Uvařil jsem tedy jiné těsto a dali jsme se do lovu malých rybiček, které jsme se chystali zmrazit a použít jako návnadu při příštím rybaření.

Ty braly tak, jako kdysi braly běličky na Labi. Dokonce jsem zkusil i mouchu a i tu poctivě sebraly a potopily malé brčko. Udělaly mně takovou radost, že jsem je začal pouštět zpět. Potom jsem si ale uvědomil, že se to nesmí - pouštět plevelné rybičky je zakázané! Navíc zakázané bylo i plavení se v našem malém člunu bez záchranných vest, takže jsme se provinili hned několikráte.

Bylo mně již mnohokráte vytčeno, že stále jezdím rybařit, a nic ne a ne ulovit! Jenže to je omyl, já mám úlovky přímo nevšední! Vždy si totiž odnáším od vody zážitky těch klidných chvil, tu pohodu sladěné přírody a tu krásu, kterou potom dlouho má duše přetéká.

„Nuže, kdo si přeje víc?"

Pedder, utopené jezero

Vítr se snáší z vysokých hřebenů nad jezerem, hučí v korunách stromů a žene po jezeru vlny, pokryté bělavou pěnou. Kolem nás se tyčí stěny zarostlé neproniknutelným, sytě zeleným porostem, skrývajícím nás před skoupými paprsky odpoledního slunce. Kotvíme těsně u břehu a prudké poryvy větru se nás snaží vyhnat na otevřenou hladinu. Loď se otáčí, cuká se na dvou kotevních lanech a rozlévá nám do dlaní narychlo uvařenou kávu. Naše ruce jsou jaksi vděčné i za tak krátký pocit tepla, a to i když je neplánovaný a navíc mokrý.

Mezi poryvy větru k nám z korun vysokých stromů občas zaléhá ptačí zpěv a společně s větrem nám tu hraje nad jezerem přírodní, ničím nenapodobitelnou symfonii. Velký roztrhaný mrak přeletěl naši zátoku a hřeben nad námi ho navždy skryl někde daleko na jih od nás. Jen zlatá stuha potoka, padajícího dolů z přetékajícího jezírka, až u samého vrcholu ztratila na chvíli trochu svého lesku a zmizela mezi barvou vřesovitého porostu. Bílé skály, rozházené po hřebenu jako divoká, do údolí se valící kavalkáda, se u břehu ztrácí v hustých větvích nepropustného porostu a nakonec mizí pod hladinou jezera.

Tasmánské léto nechává slunce, skryté kdesi za hřebeny, ještě dlouho do večera červeně zářit skrze nízké, rychle ubíhající mraky. Barva vysokých kopců se odráží na hladině naší malé zátoky a drobné, načepýřené vlnky ji vyzařují všude kolem. Uschlý, odumřelý porost trčící z vody podél břehu, mění v té červeni své vybledlé pahýly do zlata, růžova, do rudých odstínů, které se zapadajícím sluncem slábnou na intenzitě a mění se nakonec v šedé stíny pozdního večera.

Vítr stále nedovoluje hladině se utišit a vyhlídka klidného rybaření nám mizí s posledními paprsky slunce. Zkouším nahazovat do rychlých, čeřících se vlnek, pouštím vlasec hluboko pod hladinu, zkouším suchou i mokrou mušku. Brzy vyčerpávám své limitované možnosti a v malé kajutě naší stejně malé lodi dávám přednost dalšímu šálku teplé kávy. Plachetní lana se bláznivě mlátí o kovový stožár a pohupující se scenerie za okénkem neslibuje klidné spaní. Jen s obtížemi se bráním melancholii studené a větrné noci.

Ta je plna nárazů větru, hvízdání a nekonečných úderů lan do stožáru. Během noci několikráte kontrolujeme pozici lodě a někdy dlouho po půlnoci překotvujeme na bezpečnější místo. Měsíc se

nakonec schoval za strmý hřeben nad námi a ze tmy jen probleskuji hvězdy, odrážející se v malých vlnkách, které vítr žene ukvapeně kolem.

Teprve až ráno se vítr mění na severní a potom utichá úplně. Před námi se rozprostírají desítky kilometrů modravé hladiny, zarámované do zelenavých hor, táhnoucích se všude kolem. Z jezera vystupuje několik malých ostrovů a v té modři a syté zeleni krásného rána, jejich pláže září do dálky svým vyběleným pískem. Shluky trčících uschlých stromů nám brání ve vjezdu do nesčetných lákavých zálivů, které stékající potoky plní průzračnou, nahnědlou vodou. Po dvou hodinách plavby p5ece jen zakotvujeme v jedné široké zátoce a jemný vánek se otevřeným poklopem prohání kabinou. Z mlhavého obzoru nám dovnitř nakukuji vzdálená pohoří, téměř splývající s modrou oblohou. Blízko, docela blizoučko, se mezi uschlými stromy hodil nad vodou pstruh...

V takovýchto chvílích pro nás čas ztrácí na své důležitosti, kterou mu naše všední dny dávají, a jeho měrou přestávají být shluky čísel a neúprosné ciferníky hodin. O svou existenci se hlásí jen neustálou změnou kouzelných kulis toho přírodního divadla kolem nás, změnou barev a vůní které dýcháme.

Zmizely poslední mraky a slunce na nás z té kolmé výšky pálí a pálí. Z blízkého břehu k nám přilétají velké mouchy a zkoumají každý kout lodě. Vánek skoupě ochlazuje horký vzduch v kabině a přináší vůni vody. Točí s námi, jakoby se nemohl rozhodnout, kterým směrem má vát. Jezero se nám zrcadlí do tváře a pálí špičku nosu. Odpolední káva nás probouzí k chabé aktivitě, která nestačí na nic víc než na pár minut házeni suchou muškou a potom na zpětný útěk do stínu kajuty.

Ticho. Chvílemi téměř absolutní a bez jakékoliv konkurence o svou nadvládu. Osamělé zvuky se po hladině nesou ke vztyčeným břehům a zanikají ozvěnou kilometry od nás. Po námi, kdesi v hloubi a ponořeno ve tmách, leží původní jezero, spoutané pokrokem naší civilizace. Jeho písečná pláž nese tíhu desítek metrů vody zbarvené trávou, a ani ty největší vlny na novém jezeře již nemohou kreslit do písku té pláže své fantazie. Pedder je utopené jezero, pro dobré i zlé.

Přichází večer a slunce zapadá nad protějším břehem. Přes horské údolí k nám dolů padá teplý vítr, čeří hladinu a přidává jí na temné modři. Loď opět tančí pod bezmračnou oblohou a hřebeny na západě se nám odráží do očí bělostí svých skal. Jsme na celé zátoce sami a vystaveni krásám tohoto koutu přírody, snad poprvé vychutnáváme velice intenzivní sžití s tím vším kolem nás. Stali jsme se, zcela jen náhodou a shodou šťastných okolností, součástí tohoto kouzelného večera. Jsme náhle schopni vstřebávat tu klidnou a krásnou atmosféru s intenzitou, která nás zanáší až za tu málo poznanou hranici mezi skutečností a sny.

S přicházejícím soumrakem vzlétají z hladiny všude kolem nás tisíce drobných, hnědavých nymf a sametovými křídly nás něžně hladí po tváři. Pstruzi, jako o závod značí rozplývajícími se kruhy místa, kde některá ta něžná, poletující stvoření, nestačila bezpečně vzlétnout do tmavnoucího večera nad hladinou. Občasné zabzučeni komára nás nakonec probouzí do reality a pstruzi i my lovíme dlouho do noci.

Jezero je klidné, i vánek ustal, a měsíc spolu s některými časnými hvězdami se odráží v hladině. Obloha se snesla dolů před nás, a stačí jen zalovit rukou ve vodě a sbírat ty třpytící se skvosty.

Nový den se probudil tichým ránem a slunce se jen velmi pomalu přehouplo přes kopec nad úplně klidnou hladinu. Nesmírné spousty mrtvých nymf pokrývají vše kolem nás a vytváří jakési plovoucí mraky, ve kterých stále ještě sbírá několik vytrvalých pstruhů. Párek vran usedl nedaleko na břeh a hlasitě konverzuje s třetí vránou opodál. Obloha je pokryta jemnými šmouhami průsvitných mraků a na prvních horkých paprscích slunce umírají poslední nymfy. Padají na hladinu a jemný vánek je žene ku břehu. Sbor ptáků vítá příjemné ráno svým zpěvem a připravuje vše živé na jezeře na nový den.

Huon, řeka tichých večerů

Slunečné odpoledne voní létem, rozkvetlou loukou, je plné ptačích písní a pokřiku černých labutí. Zlatohnědá vlna za člunem chytá prohřátý vzduch do tisíců zářících bublinek a prokládá jimi stopu za námi. Objíždíme ostrov, táhnoucí se několik kilometrů uprostřed řeky, porostlý křovím a občasným eukalyptem. Jeho nízké břehy lákají řeku do mělkých, úzkých zátok, které se nechávají zaplavovat přílivem blízkého moře a které tvoří malá království milionům drobných rybek. Občasné šplouchnutí, až téměř u samého břehu, hřbetní ploutev rozrážející hladinu a naše nedočkavost, vytvářejí neuvěřitelně vzrušující atmosféru tomuto letnímu odpoledni.

Klidná hladina řeky jakoby končí přímo pod pohořím, uzavírajícím celé dlouhé údolí, a občasný bílý mrak na obloze mění hýřivé barvy na vrcholcích skal kolem nás. Od moře vane odpolední vánek, který míchá vůni řeky s vůni mořských vln, naklání stébla trávy s vyzrálými klasy a čechrá peří na krku párku divokých kachen, plujících nervózně podél břehu. Nakonec se naše blízkost stává pro kachny nepřijatelnou a letem nízko nad vodou se přemísťují o nějakých dvě stě metrů za nás. Před námi zůstává prázdná hladina, ze které místy vyčnívají vybělené větve, proudem tam zanesených stromů. Přistáváme u břehu, plného ostré trávy, a uvazujeme loď za ohnuty kmen keře, zápolícího s divokými ostružinami právě o ten kousek výběžku do řeky, který jsme si vybrali i my. Mírný proud vyrovnává loď souvisle s břehem a vonící větve keře se nám přátelsky rozprostřely nad hlavou.

Chvíli pozorujeme hladinu. Všechen pohyb ustal a jen hejna potěru obeplouvají náš člun, který jim stoji překážkou v jejich cestě podél břehu.

Konečně! Nějakých dvacet metrů proti proudu nás těší známé šplouchnutí a obrys hřbetní ploutve ohromného pstruha. Jen rozptylující se kola na vodě nakrátko značí místo, kde jeden z majestátních velikánů, kterými tato řeka oplývá, zalovil až u samého břehu. Nasazuji si gumáky, navazuji bílý streamer, jak nejpevněji umím, a se zatajeným dechem se pomalu brodím podél břehu. Mým hodům chybí ještě nějakých pět metrů k místu, na které věřím že pstruh se zase vrátí. Pohyby streameru se snažím imitovat plovoucí potěr, jak jen si to nejlépe dovedu představit. Několik velkých much krouží kolem a odvádí mou pozornost, kterou jsem chtěl původně

21

věnovat jenom onomu velkému, mokrému krasavci. Slunce odráží své paprsky do mé tváře a nastavuje stovky zrcadel na vodní hladinu přede mnou. Pstruzi, vyrušeni našim příjezdem, se vrátili a jejich lov, provázený někdy až dunivým šploucháním, pokračuje celé odpoledne.

K večeru se na západě objevuji temné, bouřkové mraky a jejich černá modř zbavuje řeku jejího zlatého lesku. Vítr zdvíhá stříbřité vrcholky vln a žene je proti zarostlým břehům. V malých zátiších se tvoří nahnědlá pěna, se kterou vítr zdobí stvoly trávy vysoko na břehu. Černé labutě se schovaly u protějšího břehu a nakonec úplně splynuly s jeho temným obrysem. Vítr sílí, tmy přibývá a najednou prvé kapky deště chaoticky bubnují na střechu kabiny. První bouřlivé zadunění, stále ještě daleko před námi, přehlušuje vítr v korunách stromů a blízkých keřů. Řeka je najednou plná plovoucího listí, ulomených větví, a naprosto zbavená onoho mírumilovného přátelského obětí, se kterým nás přijímala ještě před několika hodinami.

Prší a světlo četných blesků přidává intenzitu té tmavé, majestátní kráse nespoutané přírody kolem nás. Vzduch je plný vůně mízy, prýštící z ulámaných větviček keřů, je nasycen letním vlhkem a čistotou deště, vytvořeného nad nekonečnými prostorami Indického oceánu.

Ze stovek potoků a pramenů divokého jihozápadu ostrova se s deštěm, který hory chytají do svých příkrých strání, valí do řeky přívaly vody, nazlátlé barvou horské trávy. Skrze strmá údolí a stráně, pokryté neprostupnými porosty, řeka na své cestě k moři strhává neopatrné stromy a keře, které se odvážily vyrůst příliš blízko jejímu dravému proudu. Nese je sebou a v peřejích z nich tvoří změť polámaných větví a obrovských kmenů, které nakonec ukládá do hlubokých tůní, kde se stávají jen tmavými stíny pod hladinou. Déšť je životem této řeky, je silou, kterou uctívá i ta nejmenší rybička, bojácně se schovávající hluboko ve vodní trávě.

Letní bouře zde přichází náhle a také tak náhle mizí za obzorem, berouce sebou poslední cáry deštivých mraků. Nad západním břehem řeky začíná téměř nezřetelně prosvítat trochu světlé oblohy, kterou soumrak nestačil ještě zcela potlačit. Vítr se tiší a déšť se mění v drobné mrholení, které přestává s prvním ptačím zpěvem. Labutě již zase plavou uprostřed proudu a paprsky zapadajícího slunce ještě narychlo zdobí řeku kolem nich rudými barvami ze své palety.

U břehu, docela blízko, zalovil pstruh a po chvíli kousek dále druhý. Letní podvečer je znovu naplněn klidem břehu kolem a kouzelným tichem řeky.

Laguna Tangatinah a sněhem zaváti pstruzi

Jsme na náhorní plošině, nějakých 650 metrů nad mořem, od kterého jsme dnes za slunečného rána vyjeli. Louky kolem jsou zarostlé vysokou, ostrou trávou a lemované háji eukalyptů, které směrem do nížiny narůstají do hustých, těžko přístupných lesů. Jen v místech, kde loňské letní požáry vypálily podrost a zbarvily do černa kůru stojících stromů, je mezi kmeny vidět blýskající se hladinu četných jezírek. Sypané hráze udržují jejich hladinu až několik metrů nad kamenitým dnem a úzké hluboké kanály je spojují a tvoří z nich jakýsi náhrdelník stříbřitých perel, lesknoucí se v nízko stojícím slunci. Jinovatka ve stínech keřů odolává občasným slunečním paprskům, deroucím se z temných rychle letících mraků, a tenký led na kalužích je důkazem, že zima je ještě daleko od svého konce.

Mezi nárazy silného, západního větru k nám občas doléhají zvuky žabího zpěvu, potlačované dunivým hukotem lesa a šploucháním vln u břehu. S praskotem a tlumeným úderem padají čas od času suché větve stromů do podrostu pod nimi a dodávají nepravidelný rytmus této, až téměř hudební, kulise. Studený vítr nám ohrnuje límce a zanáší naše mokré mušky někam mezi trsy trávy, vyrůstající nad zaplavenou hladinou, zvednutou zde snad nikdy neustávajícími zimními dešti.

Laguna zalila břehy až vysoko do keřů, a brodění podél nich nás nutí se nořit až po pás do ledového chladu průzračně čisté vody. Po krátké poradě měníme pruty a lovíme přívlačí. Házíme po větru, a vlasec tvoří veliký oblouk, působící časté vázky s navždy ztracenými třpytkami. Zaplavené trsy trávy pod hladinou nás občas obšťastní pocitem záběrů, a ohnutý prut potom jen krátce zápolí s tím, co v naší rybářské fantazii by mohl být krásný, duhově zbarvený velikán.

Do drobného deště se stále více a více začínají mísit bělavé sněhové vločky. Nakonec se kolem nás chumelí a protější břehy se ztrácejí v bílé tmě. Vločky na větvích zpočátku tvoří drobné, průzračné kapičky, z nichž ty největší padají do laguny a vytváří tisíce koleček na utišené hladině. Sníh na větvích nakonec vítězí a zůstává, a z trávy a kamenů kolem vytváří skvostně bílou mozaiku. Její harmonii, až téměř barbarsky, narušují naše vodou smáčené stopy, směřující k malému ohníčku. Ten stále ještě nadějně doutná pod tím mokrým a studeným přívalem, snášejícím se na něj z oblohy. Zdá se nám věčností doba mezi slunečným ránem, kdy jsme odjížděli, a tímto studeným podvečerem.

S přestávkami sněžilo celou noc a ráno bylo neuvěřitelně vlhké a studené. Vítr téměř ustal, ale obloha se jakoby stále ještě nemohla rozhodnout, jaký den pro nás připraví. Na klidné hladině se zrcadlí zasněžené stromy a zářivě bílé kopce. Hejno drobných ptáčků na stromu přímo nad námi shazuje sníh z větví a ten pak padá v mokrých chuchvalcích do našeho kouřícího se čaje. Bobeš, můj kamarád pes, se vrátil z ranní procházky, šťastný, mokrý, plný elánu a páry stoupající z jeho srsti.

Někde daleko na jezeru vyskočil pstruh, kterému se ten náš svět nad vodou jistě nezdá studeným a mokrým. Vytahuji nejblýskavější třpytku a s Bobešem kráčíme v pronikavě studené vodě podél břehu. Já ve vysokých gumákách, on bez nich. V naší malé soutěži o nejbláznivějšího rybáře definitivně vyhrává on.

Ztracená pohádka, jezero Sorrel

Ráno zastihlo nízké noční mraky stále ještě odpočívající v údolích a jen těm největším lesním velikánům bylo dovoleno svými korunami vítat pastelově modré ranní nebe. Na mokřinách kolem jezera žáby oznamovaly zřejmě cosi důležitého pro ty, kteří rozumějí jejich chóru, a černobílé straky lamentovaly nad námi dvěmi vetřelci, sotva jsme vykročili k jezeru. Dále se již jen do tichého rána neslo čachtání našich bot a praskání tenkého ledu, kterým noční mrazík ozdobil nesčetné kaluže. Zima všude kolem nás vybělila stébla trávy a v jakýchsi chuchvalcích je rozházela na mokrou zem. Svými studenými nocemi, chladný srpen stále ještě stačil utlačovat deroucí se květy na akáciích zpět do poupat a pokrývat zem stříbřitou ranní jinovatkou.

Někde před námi, za prořídlým eukalyptovým lesem, nás čeká průzračné jezero, jehož voda svou teplotou se stále ještě nechce zříci svého ledovcového původu. Jezero, které zaplavuje mělké údolí, plné ohromných tmavých kamenů, kde v zelenkavé vodní trávě nad písčitými nánosy proplouvají hejna vybarvených pstruhů. Ti nedočkavě čekají na čas, kdy miliony malých vodních nymf se rozhodnou změnit do křehké, okřídlené krásy a vydat se na svou životní pouť k hladině.

Daleko vpředu pohopsává wallaby, udržující si více než bezpečnou vzdálenost on nás dvou. Přestože podle mapy nám zbývají k jezeru ještě dva kilometry, před námi již vidíme probleskovat klidnou, zrcadlící se hladinu. Les se však najednou mění v neproniknutelné houštiny, s kapradím a ostrou trávou, přerůstající výšku našich hlav. Spadlé hnijící stromy se nám staví do cesty a jakoby schválně nám podkluzují pod nohama a přivádí nás do ještě větších houštin, plných dalších kmenů a pichlavých větví. Větve nás obepínají a chytají za batoh, za nohy, shazují mně čepici. Nelze se jim vyhnout, jsou všude! Nad hlavou se nám zavírají a isolují nás od slunečného dne. Vzduch tu voní zetlelým listím, vlhkem a ostrou vůní mízy z polámaných větviček. Jakési kousky, snad jen bůh ví čeho, se nám lepí za krk a padají do bot, píchají a znepříjemňují každý pohyb.

Konečně, již zcela blizoučko, vidíme před sebou velké louže, pozvolna přecházející v nepřerušovanou hladinu jezera. Roští končí pár metrů vpředu a až u samého břehu. Po kolena ve vodě jsme na sluncem zalitém prostoru, před námi se zrcadlí jezero a za námi je neúprosný porost. Nemáme kam položit batohy, nemáme kam si sednout, nemáme kde si vypít kávu.

Straky se usadily na suchých větvích stromu rostoucího nad námi a spustily nanovo své nenapodobitelné písně. Hladinu čeří jen naše kroky, jak metr po metru pomalu postupujeme podél břehu. Svah, který se zdvíhá nějakých dvě stě metrů od nás, slibuje pod svým strmým břehem trochu více přístupnější místa. Z kamenů porostlých řasami, čas od času kloužeme do půlmetrových hloubek a krásná, čistá voda se kalí zvířeným pískem. Podlézáme větve natahující se daleko do jezera a s každým postoupeným metrem, více a více namáčíme snad vše, co máme na sobě. Minula další půlhodina a rozhrnujeme poslední větve. Před námi se otevírá malá pláž, kde jen wombatí a ptačí stopy narušují perfektnost uhlazeného písku. Za pláží se tyčí odrostlý les, plný obrovských balvanů šedivějících rostoucím lišejníkem, a před pláží se otevírá malý záliv, jakoby stvořený pro den plný rybaření. Severní vánek proti nám zdvihá pohupující se vlnky, které se s tichým šploucháním zastavují o kamenitý výběžek na konci pláže.

Shazujeme batohy, pokládáme rybářské pruty a nadýcháváme se té čisté atmosféry zimního rána. Jezero Sorell nás vítá svou pohádkovou krásou a v té úžasné a měnící se panoramě svých zákoutí, nešetří na nás na barvách. Dlouho váháme narušit prvním hodem tu prastarou pohodu, která tu vládne již od chvil, kdy z nás tu nikoho ještě nebylo.

Stalo se... Plovoucí třpytka se chvíli pohupuje na hladině a vlasec, zdolán svou péřovou tíží, se pomalu potápí. Pozvolna točím kličkou navijáku a napnutí chvíle proměňuje má přání do snů, které jen s námahou rozlišuji od reality. Dva, tři malí pstruzi, krátkou chvíli sledují tu kroutící se, poskakující a blýskající se nástrahu. Po několika metrech se prudce otáčí a mizí za zrcadlícím se sluncem. Třpytka osaměla a hnána dále jakousi jen jí vlastní loveckou vášní, zachytává kousky vodní trávy, které se jí staví do cesty. Ty, na okamžik či dva, nechávají své hebké, odtržené stvoly unášet ke břehu. Po několika metrech odpadají a zanechávají třpytku svému prozaickému osudu. Ta, vytažena nad hladinu, se třpytí na slunci a kapkami jezerní vody imituje slzy radosti z tak pěkného dne.

Jedno nahození se mění v deset a minuty se mění v hodiny. Nakonec samotné slunce zasahuje do hrátek, které tu s námi čas tropí, a prodlužujícím se stínem keře na konci kamenitého výběžku nás přivádí zpět do reality. Poprvé se díváme směrem kterým jsme přišli a poprvé nás děsí nepropustné houštiny v lese za námi. Oba

33

dva ještě honem, zcela sobecky a co nejintenzivněji, absorbujeme co se dá z té přemíry všech těch krás kolem. Mlčíme nad hrnkem kávy, která svou vůni nás unáší v tomto světě plném mentálního přepychu zase o jednu dimensi dále. Ohníček pečlivě očernil dno konvice a tenkým proužkem modravého kouře žadoní o další suché větve, z té úžasné zásobárny kolem. Nakonec neuspokojen se mění v hromádku lehkého popele, ubývající s každým závanem větru od jezera.

Přeplněni vším tím krásným a plni zážitků každé minuty tohoto nevšedního dne, vracíme konečně zátoku jejím stálým obdivovatelům. Z pod povaleného kmene, který jsme dočasně povýšili na naší polici, vylézá wombat. Na zlatou pláž zalitou zapadajícím sluncem usedají drobní ptáci a prohrabují nepřirozené navršeniny písku, zanechané tam našimi šlépějemi. Zlatozelený úhoř se vlnitě přibližuje až k samému kamenu, na kterém naše kroky zanechaly stále ještě mokré, tmavé skvrny jezerní vody. Odcházíme, a žáby, jakoby nás chtěly ujistit že zítra bude v tomto království zase další krásný den, nás opětně matou svým nesrozumitelným zpěvem.

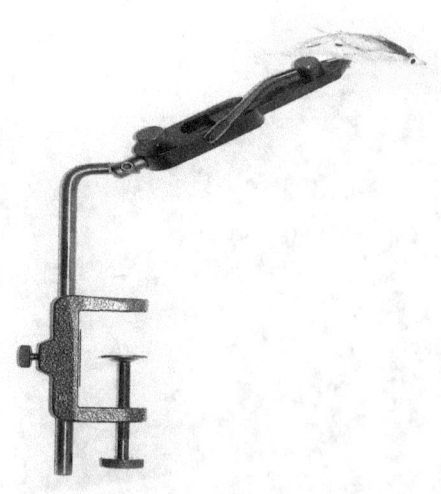

Jadranské akvárium

Klidná hladina za přístavním molem, míchanice topolů, palem a olivových stromů, která ho obklopuje, a nakonec i sám malý přístav, plný malých lodiček, dává svou jadranskou svéráznost na obdiv každému novému příchozímu. Průzračná voda hned vedle mola odhaluje přístavní dno, na němž čas od času probleskují stříbrná zrcadla malých, placatých rybek. Hejna potěru plavou až u samé hladiny a poplašeně se rozletují při každém našem pohybu.

Jakýsi malý hmyz skončil na hladině, a vítr ho unáší v točitých obloucích stále dále a dále od břehu. Náhlý záblesk stříbrných šupin, zavíření a podivný rej končí. Jen kolo na hladině svědčí o miniaturní tragedii, která se tu odehrála. Ten samý osud stíhá další sebevražedné broučky, kteří s malým časovým odstupem padají jeden za druhým na uklidněnou hladinu.

Je podzim. Jadran ve svém zrcadle odráží tmavé dešťové mraky, a louže v přístavu trpělivě vzdorují stále ještě teplým paprskům podzimního slunce a teplému jižnímu vánku. Párek kormoránů, lovících uprostřed malého zálivu, žárlivě sleduje bělavý racek, plovoucí střídavě od jednoho k druhému. Brzy přilétají další rackové a po vzájemném pozdravení se rozlétají za jakýmsi jistě důležitým posláním. Malé rychlé vlnky přidávají hladině ocelově modré zbarvení, ve kterém plovoucí rackové vynikají svou až téměř neskutečnou bělostí.

Vítr rozhání mraky, s nimiž se slunce střídalo o nadvládu blankytně modré oblohy a nyní nerušeně prosvěcuje to živé akvárium, začínající hned vedle přístavní hráze. Průzračná voda zdobí každou malou rybku perlami třpytivých odlesků a odhaluje dno porostlé řídkou, tmavou trávou.

Hejna potěru tvoří rychle se měnící mozaiku, která naplňuje stíny zakotvených lodí. Párky asi deseticentimetrových šparů proplouvají a vytváří jakousi prázdnou kulatou zónu uprostřed hustého hejna. Občas některý z nich náhle vyrazí vpřed, a potěr se potom narychlo formuje do nových, těkavých seskupení, formovaných opět v bezpečné vzdálenosti od drobných zoubků lovícího útočníka.

S chováním těchto malých dravců kontrastují majestátní pohyby cípalů, kteří navzdory své dvojnásobné velikosti, nebudí v hejnech potěru žádný rozruch. Podle vzhledu by i zkušený rybář jistě ušel kritice, kdyby měl tuto štíhlou, stříbrnou rybku za našeho tlouště. Jen

ta nezměrná důvěra, s jakou se potěr vůči cípalům chová, by ty dva nakonec jistě rozlišila.

U dna, zdánlivě ignorující vše kolem sebe, si otírá své boky pestrobarevně zbarvený kněz. Jeho jméno svádí k závěru, že si ho vysloužil svým samotářským chováním, hraničícím až téměř s náboženským celibátem. A to i když pestrý vějíř zeleno-hnědých barev, rozlitý po celé délce jeho těla, ho spíše řadí mezi účastníky karnevalu v Riu.

Člunem projíždíme po zdánlivě nekonečných prostorách, s prosvítajícím zelenavým dnem a naplněných průzračnou vodou. Náhle na straně před člunem zmateně vyskakují početné, asi pěticentimetrové rybky. Teror, který je žene slepě před samou špičku člunu, je vyvolán zřejmě mnohonásobně větším nebezpečím, než představuje srážka s hranou naší přídě. V zrcadle, které nám voda nastavuje mezi nás a slunce, však marně pátrám po jejich pronásledovatelích. Jsou stejně neviditelní, jako je neviditelný ostatní život hluboko pod hladinou.

Na dvoře domku, v řadě lemující malý přístav, a jakoby zcela zapomenuté, stojí asi tři metry dlouhé bidlo, zakončené bodci ve tvaru velkého hřebenu. Soudíce podle stavu zvětralého dřeva rukojeti, doba jeho slávy minula již kdysi dávno. Zkouším paměť majitele domu: „Toto jste někdy používal?"

Nejprve mně nerozumí. Zkouším znovu a majitel, se šedesátiletou zkušeností na tomto světě, se pomalu rozpomíná.

„Můj otec to vyrobil a lovili jsme s tím kdysi ryby."

Mému „Jak?" kupodivu hned rozumí a pokračuje: „Lodí, jeden stojí na špičce a druhý vesluje. No, a když vidíš rybu, tak ji nabodneš." Prosté, jednoduché a dnes těžko představitelné.

Do tohoto jednoho velkého, proslunéného akvária, plného jemných a křehkých krás, fyzická nehoráznost a hrubé tvary bidla snad ani nikdy nepatřily. Jenže tehdy to místní obyvatelé asi nevěděli.

Také ryby, které měly kdysi daleko větší šanci přežít svá léta dospívání, pluly tenkráte v moři v hejnech, o kterých současné generace mluví při skleničce vína a budoucí generace o nich budou slyšet již jen z rybářských pohádek. Ale pro nadšené rybářské duše, Jadranské „akvárium" je a jistě i nadále zůstane krásným a nezapomenutelným zážitkem.

Fraser, ostrov schovaný v dešti

Ničím nepřerušované bubnování kapek deště do střechy auta a proudy vody, zurčící po předním skle, vítají časné ráno zahalené do nízkých, šedivých mraků. Skrze zamlžená okna, světlo dne jen s obtížemi naplňuje vnitřek auta a vlhko ze vzduchu se nám důvěrně stěhuje i do posledních, ještě suchých míst na našem těle. Občasné závany větru shodí čas od času ze stromů nad námi hned celé vodní sprchy, následované obvykle několika padajícími listy, které se na okamžik lepí na skla dveří. Neúnavná voda je však vzápětí něžně sbírá, otáčí a unáší dál na jejich pouti na promočený písek pod námi. Stojíme na konci řídkého háje. Mezi námi a asi padesát metrů širokou pláží, jsou jen malé, písčité duny, skoupě zdobené nízkou trávou a občasnou korunou sytě žlutých květin. V šedivé, dešťové mlze prosvítá v dáli druhý břeh, asi kilometr širokého průlivu, jehož klidná hladina svou ocelově šedou barvou zcela profesionálně imituje barvu nebe nad námi. Tmavou siluetu protějšího břehu, vytvořenou nevysokou vegetací, podtrhuje čára světlé pláže, táhnoucí se přes celý ostrov. Párek malých stromů těsně u auta, které zřejmě ztratily odvahu napodobit svou velikostí ty ostatní, nám brání v plném výhledu a dávají nám jen skoupě tušit rozsah celé té krásy za nimi.

Déšť neustává ani odpoledne, neustává ani večer a ani v noci ne. Někdy ubírá na intenzitě, jako by se chtěl jen nadechnout, a potom s nově nabytou energií znovu útočí na náš již zcela promočený stan. Teplota vzduchu v noci neklesá pod 20°C a relativní komfort, který nám tato skutečnost přináší, nás stále ještě udržuje v naději, že rybaření na Duhové pláži pod Fraser ostrovem přestane být pro nás neuskutečnitelným snem.

Třetí ráno nás probouzí ptačím zpěvem a několika málo paprsky vycházejícího slunce. Pár mraků svou přítomností v nás stále ještě okřikuje závany nekontrolovatelného optimismu a pohled na pestrou paletu barev před námi, se kterou je dnešní ráno vymalováno, nás ujišťuje, že tento čarovný kousek australského Queenslandu nám nakonec přece jen otevřel uvítací náruč.

Naše kroky narušují deštěm uhlazený písek pláže, a privilegia prvních obdivovatelů tohoto dne patří bezesporu nám. Nahazujeme jednu ze zmražených rybiček, a proud přílivu ji spolu s podstatnou olověnou zátěží unáší čím dál tím více ku břehu. Nakonec končí mezi asi půlmetrovými vlnami, narážejícími s oddanou vytrvalostí na pláž.

Na spodní část vlasce se namotávají jakési drobné, hnědavé chaluhy, které se s úpornou vytrvalostí drží vlasce a nakonec zcela zabraňují v navíjení. Se zcela stejným zklamáním zkoušíme o dalších padesát, sto, tři sta metrů dále. Avšak i toto malé zklamaní nám okamžitě kompensují svou činností nějací dravci, rozhánějící hejna drobných rybek téměř u samého břehu. Měníme na splávek a nahazujeme za vytvářející se vlny. Splávek poskakuje po vrcholcích vznikajících vln, chvíli leží, chvílemi zmateně uhání s větrem, chvílemi sedí bez pohybu na té modré, průzračné vodě. Jeho pohybům chybí naprosto cokoliv, co by se mohlo považovat za i jen vzdálenou charakteristiku zabrání. Nakonec neodolávám a zkouším zásek kdykoliv se zdá, že splávek se mě ze všech svých sil snaží upozornit, že si jen tak sám od sebe neplave.

Po mnoha marných pokusech a až téměř u samého břehu, se prut mírně ohýbá a ryba na druhém konci chvíli marně protestuje proti směru, který udávám jejímu pohybu. Poražena, si nakonec lehá a vlna ji přináší k mým bosým nohám. Její stříbrný bok odráží paprsky ranního slunce vysoko mezi létající racky, kteří teprve až po několika nezdařených náletech, nakonec uznávají mou naprostou autoritu nad mým úlovkem. Vyndávám háček a pokládám malou trevallu zpět na mokrý písek. Přicházející vlna ji zaplavuje bílou pěnou a ryba mizí zároveň s vlnou zpět do moře.

Stříbrná, asi pěti centimetrová třpytka nahrazuje splávek a její váha mně ji pomáhá posílat daleko za tvořící se vlny. Jsou to opět rackové, kteří zvědavě sledují mé prvé náhozy. S respektem sledují dlouhý oblouk letící třpytky a k mé velké úlevě se nemohou rozhodnout, zda na ni zaútočit či ne.

Po několika náhozech naštěstí mou třpytku ignorují, a já házím zcela bezpečně, jak nejdále jen mohu. Očekávaný záběr ale nepřichází, a to i když již uběhlo mnoho minut, možná snad i hodina. Konečně, opět až téměř u samého kraje, kde se vlny kalí zvířeným piskem, se na třpytku zavěsila další důvěřivá malá trevalla. Vděčíce své stejné velikosti s předešlou trevallou, také ona putuje zcela stejným způsobem zpět do svého moře.

Slunce již naprosto dominuje blankytně modrou oblohu a poslední mráčky mizí i z toho nejjižnějšího obzoru. Teplota stoupla k třiceti stupňům a chladnější voda nám příjemně osvěžuje nohy. Měním třpytku za muškařský prut, vybírám mokrou šňůru a bílou, stříbřitě vypadající mušku. Každým náhozem zacházím dále a dále mezi

přicházející vlny a zastavuji se teprve, až když mě některé z nich začínají šplouchat svými hřebeny do tváře. Volná pláž za mnou mně přidává na velkorysosti, s jakou odvíjím šňůru z navijáku, a nahazuji vzdálenosti patřící jistě mezi mé rekordní.

Muška se nejprve nechce smířit se skutečností, že je uvázána jako mokrá muška, a má se tedy poslušně potápět. Zůstává na hladině, a já ji musím prudkým trhnutím přivádět zpět do reality. Poslušně se potom potápí a zřejmě omlouvajíce se za své chování, napodobuje kolem ní projíždějící se potěr, jak jen nejlépe dovede. Rybičky ji téměř nevnímají, a jakoby se muška stala jednou z nich, zcela ji nechávají bez povšimnutí. Bílá, stříbrná barva mušky kontrastuje s modrou zelení průzračné vody a její svůdné, trhavé pohyby, probouzí k bližšímu nahlédnutí hejnka malých, plevelných ryb.

Unesen naprostou bezprostředností celé situace jsem se i já pozvolna stal jedním z té přemíry životů v tom kousku moře kolem mě. Teplé vlny mně již zcela pravidelně namáčí i vlasy a zanechávají na ústech chuť a vůni moře. Slunce kvapně svou odpolední intenzitou osušuje naše spálená ramena a vítr nám do šumu moře přináší i zpěv racků.

Po jednom z nespočetných nahození se najednou u mušky zavířilo a prut se ohnul. Vodím rybu velice šetrně - v jednom okamžiku ji mám ve vlně přímo proti sobě, a to dokonce téměř na dosah ruky. Slunce ji ozářilo, a ona, jako zeleno-stříbřitý stín, který se jen snad vteřinu zdál, zmizela v převalující se vlně.

Ani tato trevalla by svou velikosti neuspěla při porovnání s těmi patnácti kilovými, kterých u táboráku jsou plná vyprávění o té „co utekla". A tak i ona následuje ty předchozí a odchází s jednou z vln zpět do svého moře. Potěr se dále třpytí, jako rozházené stříbrňáky ve vrcholcích prosvícených vln, které svou energii, nabranou někde daleko v Tichém oceánu, něžně pokládají na jemný písek Duhové pláže. Osamělý delfín nedaleko od břehu obnažuje svůj tmavý, lesklý hřbet a hejna neúnavných racků prozpěvují zřejmě cosi pochvalného o slunci, moři a jeho rybách.

Kapři pod jezerem Coolmunda

Krajinu kolem nás naplňují lány vyprahlých pastvin, porostlých nízkými eukalypty, a slunce, které se zdá že stojí přímo nad námi, praží nemilosrdně a vytrvale již od samého rána. Svou silou ubírá na intenzitě i tak již skoupému stínu, který poskytují ojedinělá seskupení stromů, pod nimiž hledá útočiště vychrtlý skot. Zdá se nám, že jen snad čirý zázrak přinutí monotónní vyprahlou hněď krajiny kolem, aby ustoupila třpytivým zábleskům hladiny přehradního jezera, které hledáme.

Hodiny jízdy ubíhají a situace se nemění. Jsme na jihu australského Queenslandu, a jezero, modré na fotografiích cestovní příručky, se stále kdesi schovává. Naděje na slíbené rybaření v nás ubývá s přibývajícím časem. Zastavujeme na odpočinkovém prostoru u cesty a zkoumáme mapu. Malé mouchy nás okamžitě obklopují, usedají na záda, kolem očí a nosu a lezou do uší. Pouštíme se do předem prohraného boje, který brzy vzdáváme. Mouchy vítězí a vědomy si své převahy, přidávají i na své drzosti, s jakou ignorují nebezpečí, které pro ně představuje náš ochabující odpor.

Naše další bloudění nadějně ukončuje malá směrovka mířící dolů z hlavní cesty. Míjíme několik domů a malý autocamp, za kterým se v dáli objevuje modrošedá hladina přehrady. Zamítáme prvou nabídku k odbočení na místo u vody vyhrazené pro piknik, ale druhá směrovka, slibující přístup k přehradní hrázi, nás nakonec svedla, a my odbočujeme.

Dlouhá, kamenitá hráz vysoko převyšuje hladinu vody před ní. Zemědělská irigace, společně se suchem, jaké tu nikdo takové nepamatuje, snížila hladinu přehrady na nejnižší úroveň od jejího vzniku. Voda je kalná a břehy jsou pokryty vrstvou smetí a občasnou plechovkou od piva.

Prostor pod přehradou je upraven na piknik park, s tekoucí vodou, stoly a grilem na opékaní masa. Zřejmě kvůli irigaci polí kdesi daleko dole, vytéká z přehrady proud vody, který padá vysokým vějířem do jezírka pod ní. Z jezírka plném kamenů, kalná voda pokračuje potokem a zaplňuje zde hluboké tůně, lemující okraje parku.

Tam přeci musí být ryby! Utěšujeme se a v duchu doufáme, že to budou kapři.

Je již pozdní odpoledne a 34°C na teploměru naprosto vylučuje jakýkoliv pobyt na proslunéném břehu. Čekáme ve stínu a vařím

krupicové těsto, kterému se nějako nechce ani vychladnout. Na trochu krupice, nechtěně vysypanou pod stůl, se vrhly hnědé masy drobných, rychle běhajících mravenců. Brzy krupice kdesi mizí a mravenci objevují naše bosé nohy. Slunce neslunce, rybaření se nám stává záchranou.

Vybíráme si tůň, která se rozlévá až daleko mezi malé kopečky na druhé straně potoka, kde tvoří mělké zátočiny. Párek pelikánů nám přidává na naší víře, že tedy ryby tu jsou. Nahazuji jeden prut ke dnu, zavěšuji barevného policajta a pomalu připravuji druhý prut na splávek. Každým okamžikem nedočkavě čekáme záběr.

Přibývající minuty vytvářejí čas, který nás šálí svou ubíhající rychlostí. Vždyť ještě před chvíli slunce stálo nad špičkou stromu přímo proti nám a nyní již pomalu mizí za hustými větvemi i toho nejnižšího porostu. Čas od času se na potemnělé hladině zavíří, a šplouchnutí v rákosí svědčí o přítomnosti jakýchsi rybích krasavců. Párek albatrosů odlétá za zapadajícím sluncem a zdá se, že ani oni se nemohou pochlubit sebemenším rybářským úspěchem.

Měním mnohokráte návnadu a přehazuji na místa, která být kaprem, bych si v této tůni sám zvolil. Nahazuji blízko k rákosí, do prostředku tůně, k samému břehu a větším olůvkem zkouším nahodit i blízko k protějšímu břehu. Všechno úsilí je ale marné. Splávek pomalu plave s točícím se proudem a návnada se občas zachytává za neviditelné trsy vodní trávy. Splávek potom mizí pod vodou, a bylo to právě jeho prvé zmizení, které mě štědře obdařilo jediným vzrušením toho večera.

Slunce již zapadlo, a jen díky skutečnosti že obávaná hejna komárů se nedostavila, zkouším ještě při baterce pozorovat policajty. Ovšem marnost nad marnost, nic, ani ťuknutí. Utěšujeme se nezdolatelnou rybářskou vírou, že ti kapři přeci někdy brát musí, a těšíme se proto na časné ranní rybaření.

Vstávám ráno před pátou. Slunce se sice ještě neprobralo nad potemnělý obzor, ale hejna much již ano. Jsou mnohonásobně drzejší a i sebevražednější, než jsme je poznali minulý den. Tentokrát jsem ale boj s nimi vzdal až teprve tehdy, když se mně podařilo jich několik rozmáznout na tričku.

Přijíždím k tůni, kde se nic přes noc nezměnilo. Dokonce i zapomenuté vidličky tu ještě leží v jemně zarosené trávě. Opakuji scénář předešlého večera. Těsto lítá nad klidnou hladinou a plaší párek kachen. Známí pelikáni jsou tentokráte daleko na druhé straně tůně, v jakési kupodivu svorné společnosti s volavkou a dalšími kachnami.

Scénář se bohužel zcela přesně opakuje, jakoby přejat z předešlého večera. Žádný záběr a ani potápění splávku, uvázlého ve vodní trávě, mě již neutěšuje. Vycházející slunce nejprve osvěcuje špičky vysokých stromů naproti a zlatá barva se neznatelně pomalu šíří k jejich spodním větvím. Hejno velkých bílých papoušků s pokřikem přelétává tůň, a odraz jejich třepetajících se křídel přidává klidné hladině na troše dynamičnosti. Přestal jsem pozorovat oba nahozené pruty a zaměřil jsem se na pozorovaní pelikánů. Chvíli u nich nevidím žádnou aktivitu. Pelikáni stoji proti sobě, zobáky občas společensky klepají, ale ve vodě neloví. Vytahuji dalekohled a pozoruji je zblízka. Zaostřuji a nevěřím svým očím: *Voda před pelikány se víří, vlní, stříká, prostě je plná ryb! A pelikány to nechává v klidu!*

Zapomínám na pruty a zkoumám protější malý záliv. Chvíli nic, vlnky se uklidňují, ale náhle jedna hřbetní ploutev a za ní hned druhá, se objevují těsně před jedním pelikánem. Ryby se zcela nebojácně prodírají nějaký metr či dva vodou, a pelikán vůbec nereaguje. Až když další ryby čeří hladinu, uvědomuji si náhle důvod pelikánovy netečnosti. *Ty ryby jsou pro něj prostě příliš veliké!*

Najednou mně je nad slunce jasné, že nastala situace, vyžadující si hlubšího zamyšlení. Skutečnost, že je právě prostředek australského léta, mně jaksi nesouhlasí s načasováním milostných hrátek ryb na druhé straně tůně. To tedy pokud se vůbec jedná o milostné hrátky. Velikost ploutví a šířka hřbetů ve mně povzbuzují naději, že se možná jedná o kapry. Ale jsou to kapři?

V dalekohledu mně to jasné není. Vidím, že z mého místa u tůně tuto záhadu nevyřeším a balíme tedy a sedáme do auta. Objíždíme tůň přes most asi kilometr vzdálený a pomalu, velice pomalu přijíždíme k tůni z druhé strany. Zastavujeme asi sto metrů od tůně.

Na místě na druhé straně tůně, které jsme právě opustili, se nyní promenáduje párek kachen, a tráva tam vypadá daleko zelenější, než se nám původně zdála. I břeh vypadá upravenější a přístupnější. Na moment znovu zažívám ten známý pocit z mládí prožitém na Labi. Pocit, kdy jsem poprvé, jako kluk stanul a na pro mě doposud neprobádaném břehu druhé strany Labe. Jak malé mně tenkráte připadaly ty keře, vedle kterých jsem chytal běličky, a jak důvěrně známé mně připadalo to „mé" rybářské místo. Ten malý kousek krásné přírody, který si snad každý rybář nosí sebou do práce, na cestu vlakem či ho má jen na letmé vzpomínky, vylepšující náladu všedního dne.

Rozvířená hladina, nějakých třicet metrů přede mnou, však rychle pro mě zavírá ten můj otevřený památník. Pomalu se blížím k malé, mělké tůni, kterou pelikáni již opustili, a jen párek kachen postává na jejím vzdálenějším břehu. Po kolenou se přibližuji a překonávám svou antipatii k tuctům hnědých mravenců, kteří na mě lezou. Jejich občasné štípnutí je téměř neznatelné, a vzrušení chvíle pumpuje adrenalin měrou, zatlačující vše ostatní do pozadí.

Po každém metru či dvou se ujišťuji, že ryby mou přítomnost buď nezareagovaly či jim nevadím. Krouží dál pod hladinou, někdy blízko u břehu, někdy uprostřed malé tůně. Některé jen tiše, některé doprovází svou pouť divokým šploucháním a vodotrysky. Podle červených ploutví a zlatých šupinatých těl, s jistotou nyní poznávám své krajany kapry.

Někteří z nich chvílemi vystavují své vysoké boky nad hladinu, a slunce jim na ně potom zavěšuje jakési zlaté dukáty, které oslnivými záblesky rozdávají své bohatství po celé tůni. Červeň jejich ocasů kontrastuje se šedí kalné vody a zcela přirozeně zapadá do kouzelné palety barev australského buše.

Jsem od nich nějaký metr, a kapři mě jistě musí vidět. Stačí se jen natáhnout a pohladit některé ty velikány po jejich širokém hřbetu. Odolávám pokušení a odcházím od tůně, narovnávám se a klepu ze sebe všechny vlezlé mravence.

Byla to voda z přehrady, kterou začali vypouštět pro zavlažování, a která zaplavila mělké tůně a vyprahlé břehy potoka. S tou vodou totiž, začalo pro tůň a její kapry jaro nového života.

Rybaření pod mrakodrapy

Hukot motorů nekonečného proudu aut se jen občas prodere písečnými dunami, které oddělují tento neúnavný kolotoč tempa pracovního dne od naprosto neporušeného podmořského světa, začínajícího jen o pár set metrů dále. Výška budov, až téměř u samé pláže, miniaturizuje stovky lidiček naplňující chodníky a otevřené restaurace pod nimi. Slunce, kterému se jen občas podaří prodrat nakupenými mraky, zalévá zimními paprsky, jak bílý písek pláží, táhnoucích se do zdánlivě nekonečných dálek, tak i naplněné kavárny na chodnících pod mrakodrapy.

Australský Gold Coast se může pochlubit nejenom kilometry svých panensky bílých pláží, ale i na čtvereční kilometr tou největší koncentrací kaváren, restaurací a klubů z celé Austrálie. Takže jeden si může posedět v kavárně, vonící čerstvě praženou italskou kávou, pozorovat nejnovější modely plavek čerstvě smočených ve stále teplé vodě oceánu a zároveň navazovat nad kávou pár háčků či přebírat třpytky. To vše je tu samozřejmostí, a snad jen neobvykle veliké olovo zátěže, se občas stává středem zvědavého zájmu nerybářské fraternity, sedící u stolků vedle.

Stačí přejít poslední přechod a před námi se otevírá pláž nějakých sto metrů široká, pozvolna se nořící pod bílé, zpěněné vrcholky vln, valících se z oceánu. Písek u samé vody je pevný a naše stopy jsou spíše jen lehké otisky, které zakrátko vlny opět hladí do perfektní neporušenosti. Svět ryb, přikrytý před námi zvlněnou hladinou oceánu, se nám hlásí svou vůní mořských chaluh a vzduchem naplněným slanou vodní tříští.

Hledáme místo, kde vlny nenacházejí oporu v mělkém písčitém dně a jejich hřebeny zůstávají skryté pod hladinou. V těchto kanálech pod nimi, šířících se obvykle jen pár desítek metrů, vlny přinášejí z moře vše co stačí k uspokojení hladových hejn přerůzných ryb, unášených mořským proudem podél pobřeží.

Nějakých dvě stě metrů před námi se však vlny majestátně zdvíhají, nabývají na výšce a zdá se, že zahánějí trpělivost zemské gravitace až do samých extrémů. Ta nakonec stahuje jejich hřebeny dolů a balí každou vlnu do jakéhosi obrovského rohlíku. Pěna a zvířený písek přidává s přibývajícími metry vlnám na bělosti, a ty se nakonec tiše mění v nízkou vrstvu průzračné vody, která se na moment prodere nahoru pláží až k mým smočeným nohám.

Pomalu se prodírám mělkou vodou na kraji pláže a usilovně hledám nejvhodnější místo k nahození. Nakonec jsem ve vodě až nad kolena, a občasná větší vlna mě smáčí až po pás. Proudící voda mi podemílá písek pod chodidly a pokouší se mě vzít sebou kamsi tam, kam se sama bez cíle vrací.

Při mém, snad kdy největším rozmachu, olovo prolétá vysoko nad hlavou a zapadá s bílým a na dálku viditelným gejsírem do jedné postupující vlny. Jakýsi spodní proud okamžitě unáší vlasec z otevřeného navijáku, a než stačím vlasec napnout, další povětší vlna mě namáčí úplně.

Tlačím a zároveň kroutím koncem prutu do místa na pláži, které se zdá mimo dosah i těch nejagresivnějších vln. Písek se nejprve mým pokusům brání, ale nakonec prut stojí jako praporní žerď na opuštěné pláži.

Vlasec se brzy stává obětí vln a spodních proudů a neustále vytváří prověs či se zase napíná a lomcuje špičkou prutu. Kdyby jsem nebyl na pláži jediný rybář, vsadil bych se s někým o mou třetí nejoblíbenější třpytku, že po asi deseti minutách jsem měl i záběr. Natáčím vlasec a s nekrocenou zvědavostí očekávám, až se vynoří jeho konec. Nevěřím svým očím, když vidím, že až na tu či tam malé ukousnuti, návnada je zcela neporušená. Je to poprvé, co používám mou versi sušených, nasolených malých rybek jako návnadu, a mám velkou radost, že přestože prošly velkým máčením, tak vytrvaly a z háčků se neztratily.

Ten den si ta má největší z největších olověných zátěží jistě bude dlouho pamatovat. Létala jako orel vysoko, někdy zase nízko jako vlaštovka před deštěm a někdy jen popolétala jako bažantí slepice, snaživši se odlákat útočníka od svých kuřat. Vždy ale s velkým gejsírem vodní tříště prorážela hladinu, mizela v hloubi na písčitém dnu a marně bojovala se spodními proudy, které ji chtěly unášet všude tam, kam je jejich popletené cíle vedly.

Vůně kávy a teplých loupáčků, usazená kdesi v mém podvědomí, se ale nakonec stává neodolatelnou, a já zanechávám hučící vlny jejich podvečerní opuštěnosti. Tak, jako Oscar Wilde kdysi, tak i já jsem na té pláži mohl s jistotou odolat všemu možnému, jenom ne jakémukoliv, a to třeba i tomu sebemenšímu pokušení. A šálek vonící kávy v jedné z kaváren za pláží, je pro mě tím ultimátním pokušením.

Gold Coast a tailoři na diskotéce

Když Australané mluví o rybách, nikdy nepoužívají jejich jména v množném čísle. Mluvíce třeba o úlovku pěti mořských štik, vyjadřují se o všech pěti jen jako o jedné mořské štice. Vyplývá to snad z jejich přirozené skromnosti, kdy se zřejmě nechtějí chlubit, že těch či oněch ryb chytili hned celý pytel. Pokud k tomu ještě přidáme skutečnost, že se tu při rozhovoru téměř negestikuluje, potom rozhovory na rybářskou tématiku vypadají pro cizince jaksi zproštěné toho pravého, rybářského aróma.

Takže, když mě náš soused vábil na ryby a mluvil o hejnech tailora, musel jsem si tuto skutečnost znovu připomenout a násobit jejich jednotné číslo faktorem mé rybářské fantasie. Potom trvalo jen chvíli, a byl jsem zcela přesvědčen, že si toto rybaření nemohu nechat ujít!

Tailor je úžasně dravá ryba, většinou kolem kila, někdy ale i dvě či tři, a já věřím, že její nezměrná dravost ji kupodivu neubrala na její rybí inteligenci. Přesvědčil jsem se o tom kdysi dávno, hned při mém prvém lovu této stříbrné krasavice.

Z počátku statistika nebyla povzbuzující: ryby po chvíli tahání většinou překously vlasec, a prut se z krásného slibujícího oblouku zklamaně narovnal. Pokud se nám nepodařilo zaseknout za kraj, ryba byla ztracena.

Našel jsem tedy lanko, změnil návazec a hurá zpět s kouskem rybičky do vody. Tenkráte jsem se sobeckou radostí pociťoval jakousi superioritu mé techniky nad mým sousedem, který ustavičně ztrácel jednu rybu za druhou. Nahodil jsem, minuty plynuly a soused sekal a já nic. Několikráte jsem kontroloval návnadu, několikráte jsem přehazoval stále blížeji k sousedovi, ale zabrání žádné! Nakonec jsem došel k závěru, že mé lanko ryby varovalo a zcela jim znechutilo jinak tak lákavé sousto.

Stále ale neporažen jsem navázal třpytku a se stejně bídným úspěchem jsem házel snad do všech světových stran. Z předešlých záběrů jsem věděl, že ryby lovily po celé hloubce zálivu před námi, a tak jsem proháněl snad všechny třpytky z mé „slané" sady, od samého dna až po skočnou na hladině. Zkoušel jsem přímočaře táhnout, zkoušel jsem trhavé pohyby, zkoušel jsem pomalu i rychle. Nakonec jsem se vrátil k vlasci, k malému olůvku, k dlouhému háčku a k zasekávání hned při sebemenších záběrech. Statistika se trochu vylepšila, ale i přesto mně nezbylo, než se poslušně smířit s tím, že

za každou chycenou rybu ztratím hned několik jiných a jistě i daleko větších, stříbrných krasavic!

I po této zkušenosti, mě ale k lovu na tailory soused nemusel dvakrát přemlouvat, a hned příští ráno jsme stanuli na břehu průplavu mezi zálivem Gold Coastu a otevřeným mořem. Zdejší pozdní podzim dovolil, jak slunci tak i nám, ráno si trochu přispat, a zrovna končící odliv nám otevřel přístup i na ty nejspodnější balvany kamenné hráze, zakončené bílým majákem nějakých pár set metrů v moři. Pestrá paleta různých ulit korýšů pokrývala povrch kamenů, položených až u samé hladiny, a občasné jemné praskání pod mým opatrným našlapováním nasvědčovalo, že jejich obyvatelé při jejich stavbě nepočítali s naší intervencí. Drsný povrch kamenů byl ovšem jen pomíjivou iluzí. Stačila malá vlna, a mokrý povrch se stal skluzavkou, která by si ve své kvalitě nezadala s čerstvě zamrzlým rybníkem.

Vlny byly ale neskutečně malé a zcela se vymykaly mým zaběhlým představám o tomto pobřeží, známým právě svým velkým příbojem. Moře bylo klidné a vítr byl vlastně jen větříček, poslušně a neúnavně vanoucí z moře.

Zatím co jsem si připravoval příhodnou kombinaci prutu, vlasce, olova a háčků, můj kolega stačil již nahodit ke dnu a utrhnout vlasec o jakousi vázku nedaleko od břehu. Měním tedy na splávek a nastavuji asi metrovou hloubku. Je to poprvé co tento splávek, rodák z Hradce Králové, poskakuje jako barevný klaun nad průsvitnou hloubkou průlivu. Proud pozvolna začínajícího přílivu ho zanáší do blýskajícího se odrazu slunce před námi, jeho barvy se ztrácí, a splávek zůstává jen titěrnou, tmavou a těžko rozpoznatelnou siluetou. I když mně je jasné, že v této situaci bude včasný zásek mým nesplnitelným přáním, nemohu se přesto přinutit k navázání lanka.

Přehazuji snad každých pět minut a každou vteřinu čekám na záběr. Kolega zápolí s další vázkou, nějakých deset metrů od té prvé, a ostatní rybáři, roztroušení podél hráze, také nevykazují žádnou vzrušující činnost. Právě, když jsem se rozhodl se něčeho napít, jeden z rybářů, asi padesát metrů od nás, má zásek. Oblouk prutu v mém výhledu přímo umělecky rámuje jakýsi motorový člun, právě vjíždějící z moře do průplavu, a rybář překotně natáčí vlasec, mířící kamsi do zelenavě průzračné hloubky. Bojuje, jako kdyby šlo o život jemu a ne té zaháknuté rybě. Uplynulo snad jen pár desítek vteřin a je po boji. Prut vylétá z oblouku a zklamání se odráží v postoji rybáře. Zřejmě neměl lanko nebo za to mohla špatně nastavená brzda či možná jeho zbrklá povaha. Ale ryba měla z tohoto vítězství jistě velkou radost.

Příliv přibírá na rychlosti a malé vlnky se u břehu mění v podstatné šplouchání. Na téměř již zcela potopených kamenech, které jsme si původně zvolili jako pohodlné místo k rybaření, se prohánějí malé, tmavé rybky a sbírají vše, co kameny na sebe nasbíraly během svého pobytu v našem suchém světě. Proud v průlivu přináší z moře čerstvou průzračnou vodu, která zřejmě z radosti ze setkání s vodou zálivu, vytváří místy jakési peřeje a vlnky, šířící se chaoticky do všech stran. Průliv je pro záliv před ním stále otevřenou bránou do toho nesmírně velikého světa Tichého oceánu, ze kterého k nám s přílivem připlouvají hejna přerůzných ryb. Široký záliv za průplavem, do kterého ústí hned dvě velké řeky, neodolatelně přitahuje ryby svou přemírou potravy, obsaženou ve své jemně zelenavé vodě.

Sleduji nyní již zvlněný průplav před námi a brzy objevuji na hladině prvá zalovení nevelkého hejna tailorů. Jsou od nás nějakých třicet či čtyřicet metrů, a zdá se, že jejich pozice se v relaci ke břehu nemění. Připravuji si kvapně prut a třpytku, neboť tato kombinace se mně zdá jako jediná šance na hejno dosáhnout. Mým nahozením chybí ale ještě mnoho metrů, a třpytka se mně poslušně vrací vždy prázdná.

Dva těsně po sobě jedoucí motorové čluny, projíždějí prostředkem lovícího hejna ryb a vytváří za sebou širokou brázdu zpěněné vody. Doufal jsem, že hejno naženou blíže ku břehu na dosah mé třpytky. Čluny přejely a nastávají napínavé okamžiky čekaní. Hejno racků i já hledáme na hladině zcela bezvýsledně výstřiky vody, tak charakteristické pro tyto rychlé ryby.

V místech, kde ryby očekávám, se však nic neděje. Objevují se o nějakých dalších padesát metrů dále k prostředku průlivu, a tedy zoufale mimo náš dosah. Házím vytrvale a stále ještě neúnavně, ale výsledky se nedostavují.

Ostatní rybáři, tedy až na jednoho, který chytá příliš daleko od nás, již odešli. Zmizelo i hejno racků, které nám občas prolétlo nad hlavou a svou přítomností nás povzbuzovalo k dalšímu rybaření. Říká se tu totiž, že „kde jsou rackové, jsou i ryby".

Náhle nad hlavou slyším: „Je pozdě, tailor je nyní již na diskotéce! Máte to marné!" Ani jsem nepostřehl, že i ten poslední rybář zmizel ze svého místa na kamenech a nyní stál nad námi a pokoušel se zažertovat. Vrásčitý a opálený, usmíval se, a bylo zcela zřejmé, že

svou touhu po troše společenské konverzace v sobě potlačoval již déle, než mohl sám snést. Našel v nás vděčné posluchače, a my se dovídáme o hejnech ryb, které tu kdysi plavaly, o rybářích kteří tu kdysi na ně čekali a o moři, které tu modelovalo svým příbojem bílé pláže v době, kdy tu ještě žádný průplav nebyl.

Slunce splnilo svou poslední povinnost dne a vyslalo své zlaté paprsky na maják na konci hráze. My, ač neradi, jsme museli také balit. Ryby jsme sice neměli žádné, ale úlovků jsme měli habaděj. Odcházeli jsme s pocitem, že ten dnešní den byl perfektní a že ten zítřejší bude ještě lepší. To se tu totiž říká…

Panenské jezero Advancetown

Nová místa a nové obzory dráždí v mnohých z nás civilizací potlačovanou touhu po dobrodružství a stávají se tak neodolatelným magnetem neznáma. Nová voda vždy umožní naší rybářské fantazii si trochu zahýřit hloubkou jejích neprobádaných tůní, velikostí a množstvím ryb, skrývajících se pod hladinou a očekáváním napínavých momentů, v čase stráveném na jejích březích. A tak je to nyní i se mnou, stojíce uprostřed australské zimy na nízkém břehu, pro mne panenského přehradního jezera Advancetown, nedaleko australského Gold Coastu.

Studený jižní vítr tvoří tmavé vlny na jezeře a žene je proti hustě zarostlým břehům naproti. Některé z vln, ve své horlivosti ke svému stvořiteli, nabírají na své výšce, a vítr je potom za jejich poslušnost nakrátko odměňuje pěnivým hřebenem, třpytícím se v nízkém zimním slunci. V hojných zálivech, chráněných od větru vysokým lesem, klidná hladina zrcadlí několik bílých a jakoby zřejmě nikam nepospíchajících mráčků. Dvě vrány, každá z nich usazená na opačném břehu malého zálivu u cesty, čas od času na sebe pokřikují a dodávají celému prostředí kolem mě trochu jinou zvukovou kulisu, než je monotónní šumění listnatého lesa.

Osamělý kormorán se nakrátko objevil na hladině přede mnou a po obligátním zakroucením svou malou, mokrou hlavou, opětně zmizel pod hladinou. Odměřil jsem přibližně jeho směr a vzdálenost a očekávám jeho siluetu někde v začínajících vlnkách končícího zálivu. Kormorán mě nezklamal, a při jeho příštím potopení, zkouším držet dech spolu s ním. Po několika dalších potopeních vytahuji dalekohled a sleduji jeho pouť, kam nejdále jen je to možné. Ten nakonec mizí za nízkou výspou, oddělující tento záliv od ostatních, a vodu přede mnou oživují již jen dva páry malých kachen.

Břeh je porostlý suchou trávou, kterou letní deště kdysi vylákaly k překotnému růstu. Ta, zřejmě zaskočena suchem podzimu a chladem nocí zimy, se změnila v jakési husté chuchvalce silných žlutých stébel, tvrdošíjně bránících břehy jezera před vetřelci. Po nějakých patnácti minutách prodírání, nacházím k mé velké radosti vyšlapanou stezku, vedoucí kamsi podél břehu.

Kamenitý podklad stezky střídá písčitá stráň, a otisky koňských podkov v jemném písku mě ujišťují o popularitě mé zvolené procházky. Další minuty ubíhají a přicházím na zasluněnou louku

s jemnou, nízkou trávou. Ta se stává pro mě až přespříliš velkým pokušením a tak uléhávám ke chvíli rozjímání. Koruny stromů stojících nad loukou mně rámují modrou oblohu a s porozuměním ve větru odkývávají mé rozhodnutí.

Nedaleko mezi uschlými trsy zaplavené trávy, pomalu a kývavě nakračuje osamělá volavka a jako velký květ lilie vyniká svou bělostí nad uschlou trávou kolem ní. Střídá intervaly nepohnutého stání s pohybem svého dlouhého, štíhlého krku, kterým tvoří bílé otazníky na pozadí modré vody zálivu. Chvílemi volavka krk vyrovnává a koncem svého žlutého zobáku míří přímo do slunce. Soulad jejich tvarů silně kontrastuje s neukázněností a rozcuchaností zatopených trsů trávy a mění tím tento, jinak rigidní kousek břehu, v živou uměleckou expozici.

Zakrátko přilétává nejprve jedna, potom druhá a nakonec jsem obklopen hned pěti strakami, které se zájmem pozorují mé počínání. Činím totéž, a situace se dostává do jakéhosi vzájemného, ospalého equilibria. Postávají nějaký metr kolem mne a čas od času střídavě zavírají jedno či druhé oko. Paprsky poledního slunce zcela znatelně prohřívají mé nohy, a věřím že podobnou senzaci vychutnávají i spřátelené straky.

Neochvějná víra v to, že opustím-li toto místo najdu jistě ještě i lepší, mě nakonec opět přivádí na vyšlapanou stezku, viditelně začínající na druhém konci louky. Dalších deset minut a další záliv, tentokráte s malým, nízkým ostrůvkem poblíže kamenitého břehu.

Ostrůvek je také kamenitý, ale hlavně nedostupný, což je zřejmě dosti dobrý důvod pro párek pelikánů, kteří si ho vybrali za své sídlo. Oba nejprve pozorně sledují můj příchod a nakonec nenadchnuti mým zevnějškem se věnují opět sobě samým. Na jednom z kamenů ostrůvku si suší své peří přítel kormorán a zdá se, že tedy všichni rybáři v dohledu jsou nyní zde. Volavka na nedaleké mělčině, pelikáni a kormorán na ostrůvku naproti a já na kamenitém břehu.

Ten se tu příkře sklání do jezera, a dno mizí v temnotě hlubší vody. O nějakých padesát metrů dále se břeh snižuje, četné trsy trávy vystupují z vody a tvoří tak ideální místo k brodění. V duchu si již vybírám vhodnou třpytku či mušku a utvrzuji si svou víru v rybaření plné zážitků.

Rozbaluji pruty, vybírám cívku a hledám třpytky. Trvá mně neuvěřitelně dlouho konečně uvěřit, že ani jednu ze tří krabic třpytek, které jsem si minulý den pečlivě připravil, v batohu nemám! Již ne tak dlouho mně také dochází, že ani krabici s muškami jsem si nevzal…

A tak snad jen z principu nakonec nahazuji na kousek chleba, který po podělení všech strak na louce, mně jen zcela náhodou ještě zbyl ze svačiny. Jsem si téměř jist, že pelikáni celou situaci pozorovali a i správně odhadli. Stojí otočeni ke mně zády a středem jejich zájmu se stalo jejich černé a bílé peří, které ležérně pročesávají svými zobáky. Je zřejmé, že tato místní profesionální rybářská fraternita, kterou tu oni zastupují, mě již definitivně vyloučila ze seznamu skutečných rybářů na tomto krásném a mnou stále ještě nepoznaném, panenském jezeře.

Advancetown podruhé

Po mé prvé návštěvě se jezero Advanceton zařadilo mezi ona magická místa, která již asi nikdy nevymizí z mých rybářských vzpomínek. Usazeno uprostřed pohoří, vzdáleného nějakých dvacet kilometrů od písečného pobřeží Korálového moře, v oblasti, kde místní léto začíná vlastně již na jaře, a kde civilizace se ve svém působení omezila u jezera jen na jeho vytvoření, to vše jej činí neodolně přitažlivým unikátem.

A tak mé dnešní rozhodnutí, lovit opět na tom samém místě, potlačuje svou lákavostí do pozadí moře a i početné řeky v okolí. Ani ranní chlad uprostřed Queenslanské zimy, který je obvykle oproti odpoledním teplotám více než znatelný, nemůže nic ubrat na uspokojení, se kterým nyní hledím na potemnělou hladinu. Vycházející slunce se sice ještě skrývá za vrcholkem hřebenu nad jezerem, ale odraz osvícené oblohy na hladině nám již slibuje pěkný slunečný den.

Jezero je přístupné jen na několika málo místech poblíže hráze, a početné zálivy, které tu kopečná údolí vytvořila, se skrývají z dohledu a jsou mimo dosah suchozemského rybáře. Dnes se tedy pouštím do rybaření společně se Stevem, jedním místním rybářským nadšencem, který nejenom že zná toto jezero dobře, ale má navíc i kanoe s elektrickým motorkem. Těch lodí má vlastně více, a tak se stalo, že nás dnes na jezero vyráží hned celá malá flotila. Steve slibuje místa, kde jsou ty největší a nejhladovější ryby a kde rybaření má být uskutečněným rybářským snem.

Slunce nás zaskočilo svým rychlým východem, a když konečně vyjíždíme, jeho nízké paprsky se již odráží od rozčeřené hladiny přímo do našich tváří. Nejedeme daleko. Nějakých deset minut a zastavujeme asi tak dvacet metrů od původně protějšího břehu zálivu. Voda je zde kolem šesti metrů hluboká, a její průzračnost nám dává nahlédnout na prořídlý les zaplavených keřů, jejichž vybělené větve dosahují až téměř k samé hladině. Podle Stevova vzoru váži nejprve olůvko a půl metru nad něj velký háček, připomínající mně svým tvarem neúplné a značně pohmožděné písmeno „D". Nerad a jen zcela ze slušnosti, se podrobuji místním zvyklostem a napíchávám za ocásek malou, sladkovodní krevetu. Doufám, že její utrpení brzy ukončí některý z těch velkých rybích krasavců, ve které Steve věří, že tu pod námi určitě jsou. Pouštím olůvko do lesa keřů a až na dno.

Kanoe ve slabém větru pomalu proplouvá podle břehu a Steve občas motorem vyrovnává její polohu. Zcela zbytečně Stevovi nevěřím že vlasec neuvázne, panikuji a po málo minutách vytahuji neporušenou návnadu z vody. Zatím co si vybírám vhodné místo v potopených keřích, nechávám na malou chvíli krevetu viset nad vodou a olůvko nechávám potopené ve vodě. Ke svému velkému překvapení zjišťuji, že jakési ryby mně jemně lomcují špičkou prutu. Zacláním si rukou odraz slunce a za chvíli vidím hejno asi deseticentimetrových rybiček, které se daly do útoku na mé kulaté olůvko. Činím konec jejich zbytečnému úsilí a rychle pouštím krevetu nějaké čtyři metry pod člun. V duchu se usilovně omlouvám malé trpící krevetě a pokrytecky doufám, že přísloví „sejde s očí, sejde s mysli", se mně v tomto případě rychle uplatní.

Na vedlejší lodi se zdvíhá podběrák, a po chvíli usilovného podbírání nám sousedé ukazují asi tak kilovou rybu. Je to australský bass, který navzdory australské zimě neodolal předhozené krevetě a v rukou sousedů draze zaplatil svým životem za svůj omyl.

Brzy přicházím se zabráním na řadu i já. Prutem, který neustále držím v ruce, nejprve cosi jemně zacukalo, a než jsem stačil říci obligátní „švec", prut se ohýbá a cívka navijáku prokluzuje. Špička prutu dosahuje chvílemi až pod loď, a mé představy o zaseknuté rybě v mé fantazii rostou. Odpor ale ustává stejně tak náhle jako začal, a na hladinu se pokládá vyčerpaný a ani ne kilový bass. Tvarem připomíná trochu lína; tělo má ale pokryté stříbrnými šupinami, a do barevnosti vzhledu mu chybí více než hodně. Leží na boku, otvírá svá neúměrně velká ústa a nechává mě jen vzdáleně odhadovat jeho momentální pocity.

Vyndávám hák, jak jen to nejrychleji umím, a ryba bez ceremonií mizí pod hladinou. Novou krevetu s díky odmítám a potom zcela bezúspěšně, a tedy přesně podle Stevovy předpovědi, zkouším hned celou řadu třpytek a mokrých mušek.

„V zimě rybu k braní vyprovokuje jen živá kreveta", asi po hodině vítězně doplňuje Steve svou předpověď. Dávám mu sice za pravdu, ale svého rozhodnutí nelituji.

Vítr začal foukat od jihu a ačkoliv mně doposud jen přátelsky pomáhal zanášet mé mušky do rekordních dálek, nyní zvlnil dosti nepříjemně hladinu a našel si dokonce cestu i pod můj teplý svetr, košili i tričko. Nechce se mně věřit že jsme v Queenslandu, v kraji věčného tepla!

Chytá se ale dál a já se vracím zpět časem. Zavěšuji pod prut jen malé olůvko, které pouštím kousek pod hladinu. Očekávám to samé hejno ryb jako ráno. Jak čas ale plyne, studený vítr pomalu rozfoukává horu mých nadějí, a já nakonec ve svém úsilí zcela přestávám.

Mé počínání samozřejmě neušlo Stevově pozornosti, a tak mě nyní utěšuje vysvětlením, že ty malé rybky, kterým tu říkají „Barbed Grunter", jsou naprosto k ničemu. Dále vysvětluje, že o své jméno se ty ryby zasloužily svým neobvyklým chováním po vytáhnutí z vody. Vydávají bručivé zvuky, pro které Steve postrádá jakékoliv vysvětlení a dodává, že pokud bych dokonce nějakou chytil, nesmím ji v žádném případě pustit zpět. „Je to škodná, nechytáme je, ale když náhodou nějakou chytím, hodím ji vždy orlům", končí Steve své přátelské chlácholení.

Vítr zesílil natolik, že při naší zpáteční cestě přes záliv nám některé větší vlnky šplouchaly svými hřebeny dokonce až do lodi. Sluncem zalité jezero a obloha bez mráčku, ve mně mylně vytvářely dojem teplého dne. Stačilo také jen potopit ruku do jezera, a do mého světa nezvyklých protikladů mně přibyl další: *Voda v jezeře byla znatelně teplejší než byl vzduch!*

Ani po přistání jsem se neodvážil Steva zeptat, jak se ryba „hází orlům". Pokud Steve se mnou nežertoval, je to tu zřejmě tak obvyklé a zcela považováno za samozřejmost, že i rybář, jako já to má vědět. A tak záhadné bručící ryby a Stevovi orli zůstávají pro mne novým tajemstvím, které si spolu s novými zážitky odnáším z dnešního dne na jezeře, plného slunce, studeného větru a prvotřídního rybaření.

Labutí řeka a moře breamů

Labutí řeka začíná být řekou vlastně až kousek před tím, kde končí: Na východním pobřeží Tasmánie, pár kilometrů od bílého pruhu vln na obzoru, kde se mění v průzračnou a chladnou vodu zálivu Coles Bay. Řeka sbírá skoupé prameny, stékající z nevysokých hor vysušeného pobřeží, a téměř až u samého moře je svádí svým malým řečištěm do úzké, kamenité rokle. Asi kilometr dlouhé údolí zde přechází do nízkých luk, vypasených až na hlínu přepočetným skotem a ovcemi. Směrem k moři se louky mění ve slané bažiny, plné vysoké, tvrdé a snad i věčně suché trávy. Voda v řece zde již znatelně chutná a voní mořskou solí, a celé řečiště je plné vodních rostlin.

Klidná hladina u břehu zrcadlí pár naklánějících se akácií s takovou dokonalostí, že ani jejich květy neztrácí v odraze nic ze své sytě žluté barvy. Kvetoucí stromy tu rozhlašují všem kolem, že jaro zastavilo studené větry Antarktidy někde dole nad Tasmánským mořem a dovoluje nyní slunci vycházet každé ráno časněji a časněji.

Dobrovolně nechávám své rozhodnutí k volbě rybářského místa ovlivnit úzkou cestou, která nás přivedla na úpatí končícího údolí. Jistě jako stovky rybářů přede mnou, tak i já nyní stojím očarován Labutí řekou a vdechuji tu odpolední, jarem vonící atmosféru.

Prvním překvapením byla pro mě hloubka řeky. Hned za končícím pruhem porostu a těsně u břehu, řeka byla přes dva metry hluboká! Po nahození, nějakých dvacet metrů směrem k prostředku, olůvko padalo a padalo průzračnou a chladnou vodou, jakoby nikdy nechtělo přestat padat. Hladina byla bez sebemenší vlnky, bez jediného kolečka, bez jediného rybího zašplouchnutí...

Druhým překvapením bylo to, co čekalo pod hladinou. Jen v posledním okamžiku jsem ještě stačil zachytnout prut, kterým jsem měřil hloubku a nedbale ho potom položil nahozený asi metr od břehu. Prut jsem chytil, rybu ale ne.

S přibývajícím soumrakem záběrů také přibývalo, a krásní, někteří až dvou kiloví nazlátlí breamové, mně ohýbali špičky prutů až do samé vody. Veškeré dění se odbývalo hned u břehu a kousek nade dnem. Po čase jsem již podle frekvence záběrů mohl i odhadnout, kdy proplouvá nějaké to hejno a odhadnout zhruba i jeho početnost. Zabrání byla rychlá a i od malých ryb velice silná. Většina mých záseků byla ale předčasná, a tak jsem vlastně jen kousky návnady odměňoval breamy za jejich pěkné záběry.

Přibývalo tmy a nad pohořím na západě se začaly kupit nízké a husté mraky, které rychle měnily tmavnoucí podvečer v ještě tmavější noc. Hladina řeky se zvlnila, a zvednutý vítr nakláněl pobřežní trávu místy až k samé hladině. Většinou jen po hmatu jsem v igelitovém pytlíku lovil kousky malých rybek na návnadu a spouštěl je potom přímo pod špičku dlouhého prutu. Zabrání sice řídla, ale na síle neztrácela. Při záseku se bič ohýbal do nezapomenutelných oblouků, a prudké výpady chycených breamů přenášely temné údery prutu až kamsi do hlubin mé nadšené rybářské duše. Za nějakou hodinku po úplném setmění, ryby, Bobeš i já jsme již tvrdě spali. Noc se zdála být dlouhá, a kdykoliv jsem se probudil, připadalo mně že vítr stále ještě sílí. Byl jsem vděčný Bobešovi, kamarádu psovi, který se mnou sdílel malý stan a svou vahou menšil mé obavy, že uprostřed noci vítr zanese stan i s námi někam doprostřed řeky. Déšť se nedostavil a nocí se ozývaly zvuky větru v korunách stromů nad námi, přehlušované jen někdy sporadickým třepotáním stanu.

Ráno před východem slunce bylo unyle šedé, a jen těžko se dalo odhadnout, jaký den pro nás začínající léto připravilo. Vítr se sice zmírnil, ale po minulém klidném podvečeru nám zbyly jen kouzelné vzpomínky.

Den se probouzel a s ním i hejna breamů. S Bobešem jsme nemařili čas snídaní a ani mytím a zamířili jsme hned k našemu včerejšímu místu. Tak jako večer, první zabrání na sebe nedalo dlouho čekat. Tentokráte jsem chytal jen na jeden prut, držel ho pevně v ruce a byl jsem připraven. Ryba, usilující o jednu z mála kousků ryb, co mně ještě zbyly ze včerejška, byla zřejmě také připravena a tak pro tentokráte vyhrála ona.

Zabrání zintensivněla natolik, že háček při navlékání návnady trávil v mých prokřehlých rukách více času než byl potopený ve vodě. Obvykle po náhozu se na návnadu vrhlo hejno jakýchsi malých ryb, a než se návnada proboojovala ke dnu, háček byl prázdný. Bránice se před touto loupeživou bandou, vždy jsem musel nejprve několikráte uhodit do vody špičkou prutu, a než se vyplašené rybky vrátily, návnada byla již bezpečně nade dnem. Jen díky této nouzové taktice mně zbytek návnady vystačil ještě asi tak hodinu.

Zdálo se mně, že slunci trvalo snad jen okamžik se vyhoupnout nad nedaleké moře. Jeho prvé paprsky začaly prohřívat nejprve hory nad západním obzorem a brzy se dostalo i na hladinu před námi.

Ryby zmizely kamsi do ještě hlubších tůní, než tvořily zarostlé břehy řeky, a braní přestalo úplně. Kamarád pes i já jsem ulehli na již trochu sluncem prohřátém břehu a dospávali hodiny spánku ztracené časným rybařením.

Před polednem přišel příliv, a já v naději na zázraky nahazuji kamsi doprostřed řeky a ke dnu. Návnadou je kousek slaniny od pozdní snídaně, a český policajt se stává jediným hlídačem. Bobeš totiž odhadl situaci a nevzrušen vyhlídkou na úspěch pokračuje ve spánku. Na východu, se jako mlžný přízrak vynořují nad zálivem příkré skály a jakýsi osamělý pták na druhém břehu, tvoří jedinou oasu bílé barvy na přemodralé scenerii.

Uplynula hodina, možná dvě, možná že i tři. Policajt vyletět nahoru a já jsem to ani nezaregistroval. Z hloubky mého opětného prožívání nahromaděných zážitků mě vyrušilo teprve divoké bzučení navijáku, které jakoby nikdy nechtělo přestat. Prut se mně ohýbá v ruce, a napnutý vlasec prořezává vodu dále a dále směrem k moři. Nemám tušení s jakou rybou mám čest. Může to být z moře zatoulaný malý žralok, rejnok, může to být velký úhoř, kterého stářím opustil pravidelný spánek, může to být třeba i velký bream. Přitahuji trochu brzdu a každým okamžikem očekávám ono pověstné zaúpění vlasce, doprovázené prásknutím biče. Rybu na okamžik zastavuji a přivádím blíže. Nový výpad, nové bzučení prokluzující se cívky a nové navíjení.

Kamarád pes se probudil, stojí nyní na samém pokraji břehu a nechce mně uvolnit místo. Souboj pokračuje, a ryba k smrti znavená, se nakonec zcela u břehu jen mírně obrací z boku na bok. Je to krásný a zatím můj kdy největší bream. Vzdává se na milost či nemilost a odevzdaně čeká na svůj osud.

Uprostřed tohoto rozzářeného dne a snad více než kdykoliv jindy, na mě doléhá zodpovědnost za rozhodnutí nad životem a smrtí v tomto mém malém, obklopujícím mě dominiu. Podléhám její komplexitě, a bream, uvolněný z háčku, mizí překvapivě pomalu a jakoby i váhavě v hloubce Labutí řeky. Hladina se za ním zavřela, a mé rozhodnutí mně okamžitě násobí zážitky a i mou nemalou radost z tohoto překrásného úlovku.

Rybářský sen

Byl červenec, byly školní prázdniny a nebe bylo plné modře. Běličky oživovaly malými kroužky hladinu jinak klidného Labe, a jeho teplá voda nás vítala na koupališti k rozkoším léta. A rybaření bylo samozřejmě pro nás, „kluky rybářské", jak nás kategorizovali dědové posedávající ve vesnici na lavičkách, rozkoší snad tou největší.

Rybařili jsme od samého rána, kdy se zdálo že slunce snad ani není součástí tohoto světa, a rybařili jsme dlouho do tmavé letní noci. Řeka, jakoby vděčná za naši neutuchající pozornost, nám připravovala plno vzrušujících chvil a nevyčerpatelných překvapení. Tenkráte totiž řeka byla plná ryb, pole byla plná koroptví a zajíců, a jediné auto ve vesnici měl pan Jakub.

Byla to doba spojená s mládím a bez štípání do tváře jsme dobře věděli, že to co prožíváme je skutečností a ne jen nějakým krásným snem. Sny jsme měli totiž tenkráte jiné. Původně klukovsky prosté, později zkomplikované dospíváním a nakonec to byly jen sny, ztrácející se v záplavě všedních realit ubíhajícího času.

Některým z nás nezbylo ze snů dětství nic. Dospěli jsme, a dětská naivita našich snů je nám navždy vymazala z našeho repertoáru. Dnes mě třeba ani nenapadne chtít tank, který jsem si tak moc přál, když mně bylo pět, a ani dokonce netoužím po Marušce, po které jsem tak toužil, když mně bylo čtrnáct.

Jeden sen mně ale přeci jen zůstal až dodnes. Sen, který se zrodil právě u té pohádkové vody, kde jsem seděl nekonečné hodiny s nahozeným rybářským prutem. Sen, který se mně zdál tak vzdálený, že má touha ho prožít se rovnala touze po prožití snů, které jsem si vytvářel při čtení Andersenových pohádek. Byl to sen o rybaření kdy se rybařit nesmí, o rybaření zahaleném tajemstvím, sen o rybaření v noci.

Má prázdninová povolenka a ostatně i všechny povolenky další, mně nedovolovaly lovit po desáté hodině večer. Takže jsem vždy odcházel od vody s neukojenou touhou poznat to, proč právě těch deset hodin je tou kouzelnou čárou časem, která nám zahaluje noční rybaření do tajemství.

Četl jsem kdesi, že sny se mají jen snít a jeden se nemá snažit je realizovat. Na to je jich prý škoda. Zkušenost s několika sny, které jsem si dlouho životem uschovával, mě o tom mnohokráte přesvědčila. Realizace přinesla jenom rozčarování a prázdné místo tam, kam jsem

se ve vzpomínkách uchyloval, kdykoliv jsem chtěl znovu prožít něco krásného.

Takže nočnímu rybaření, které mně zbylo jako jeden z mála snů, jsem po léta úspěšně odolával. To tedy až do jednoho, nedávného večera.

Dalo by se říci, že zátoku za naším domem mám „prorybařenou" téměř dokonale. Vím, že hejna breamů, vzhledem a i způsobem braní podobných českým kaprům, se projíždí celý den kolem. Viděl jsem nesčetněkrát, jak mořské jehly s přehnanou mírou ostražitosti pronásledují vytahovanou návnadu a jak deseticentimetrové dart snědí hozený chleba dříve, než se stříbrní mulleti stačí k molu přiblížit. Také jsem viděl tailory, dravé ryby zajíždějící při lovu až téměř k samému břehu, a v podvečer jsem tam viděl i zlatozelené úhoře. Vlnili své tělo do půvabných křivek a zřejmě nikam nespěchajíce, prohledávali s úžasnou pečlivostí každý kámen umělé hráze.

Myslel jsem si tedy, že mě zde již nic nepřekvapí, a to tedy ani v noci ne. Naplnil jsem petrolejku, vzal k vodě pohodlnou židli a jako návnadu jsem si připravil těsto a kousky nakrájených, z Německa importovaných matjesů.

S rybařením jsem začal již odpoledne. Slunce nešetrně pálilo vše v dosahu svých intenzivních paprsků, a jen jemný vánek od vzdáleného moře, mě úspěšně přemlouval k dalšímu pobytu na rozpáleném břehu. Asi po půlhodině, splávek zavěšený na prutu s matjesem vyskočil nahoru, naviják se rozezvonil a prut se začal ve vidličkách nebezpečně zmítat. Záseku nebylo zapotřebí. Po chvíli přetahování vítězím, a asi kilový bream nakonec končí na trávě vedle židle.

Nahazuji znovu, a situace se brzy opakuje. Tentokráte ryba je o trochu větší, a přetahování s ní není pro mě zcela bez problému. Zajíždí pod molo a potom prudce míří až k samému břehu mezi kameny. Není to poprvé, co se zaseknutá ryba takto chová. Zřejmě ví, že vlasec, který je příčinou jejího momentálního nebezpečí, je snadno zranitelný právě mezi ostrými hroty navezených kamenů.

Vyhrává ale vlasec a já.

Zbytek odpoledne a až do samého podvečera, zůstávají kousky matjesů ve vodě nedotčeny. Breamové odpluli, a na těsto občas zatahá nějaká super-malá ryba, pro kterou s radostí navlékám další kouli.

Slunce se schovalo za domem a nakonec zmizelo za obzorem úplně. Pár komárů mě probudilo z podřimování, a odhodlání k nočnímu rybaření pro mne pomalu ztrácelo na přitažlivosti. Nebýt skutečnosti,

že slunce v australském Queenslandu zapadá rychleji, než to samé dělá třeba rybářům ve Švédsku, skočil bych s nočním rybařením již v tom samém okamžiku. Ale najednou byla kolem mne tma, černá a teplá, naplněná lehkým vánkem od moře.

Zapaluji lampu. Tma, přinucena slabým světlem lampy, mně jen váhavě vrací malý kousek prostoru s kamenitým břehem a s kouskem tmavé, vlnící se hladiny před ním. Splávky, zavěšené na obou prutech, se téměř nehýbají, a jen občasné šplouchnutí ryby kdesi daleko je jediným narušujícím zvukem nad vodou.

Již mnohokráte jsem se přesvědčil, že většina ryb v noci spí, přesně, tak, jako to činí ostatní tvorové na této planetě. Stačí si večer vzít baterku, brodit se mělkou vodou podél břehu a pozorovat v kuželu světla malé, nehnutě stojící rybičky. A ten břeh může být břehem sladkovodního jezera, břehem mořského zálivu či břehem řeky, protékající rozkvetlými loukami někde u Řípu.

Také ale ze zkušenosti vím, že mnohé ryby v noci nespí nebo alespoň chodí spát pozdě. Candáti a úhoři mě napadají, jako první kandidáti na titul nočních flamendrů. Zde ale, ve slané vodě mořského zálivu, candáti nejsou, a tak prvé zabrání noci jsem přičítal úhoři.

Splávek se pomalu zvedal až k samému prutu a ani po jemném záseku tah nepřestával. Pomalu navíjím, a ačkoliv cítím na druhé straně vlasce jakýsi pohyblivý a i značný odpor, připadá mně, že zaháknutá ryba je spíše něco jako igelitový pytlík plný vody. Než jsem si stačil uvědomit, že táhnu zřejmě kraba, krab změnil své rozhodnutí a proti svým původním úmyslům návnadu pustil.

Na otevřeném moři na východu se nad bouřkovými mraky objevila v dáli jemná, dlouhá, světlá čára. Nejprve téměř neviditelná, ale s každým přibývajícím okamžikem se stávala čím dál tím více zřetelnější. Bez jakéhokoliv zabrání uběhnuly další kouzelné chvíle a ze světla na východě se nad nízké mraky vyhoupl měsíc v úplňku.

Jeho odraz na hladině se pohupoval s každou blýskající se dlouhou vlnou, přicházející odněkud z neznáma. Světlo měsíce zahanbilo svou intenzitou mou petrolejku, a já jen z pouhé setrvačnosti k zaběhnutým tradicím ji nechal i nadále svítit.

Prut nalíčený na matjesa se ale najednou zbláznil! Splávek pod prutem vylítnul snad nejrychleji, jak jsem kdy takové vylítnutí viděl! Vlastně se to ani vidět nedalo, tak rychle ryba zabrala. Prut vibruje ve vidličkách a naviják bzučí tou nádhernou, božskou monotónní písní.

Ryba se nechce zastavit. Míří si to do hloubky, potom pod plovoucí molo, potom opět do hloubky, potom doleva, doprava a nakonec ztrácím přehled. Navíjím kdykoliv se ryba zastaví a snad poprvé v duchu lituji, že jsem si nepořídil podběrák.

Ve tmě, mimo hladinu osvětlenou odrazem měsíce, ryba vyskočila. Byl to ale malý, krátký skok, a tmavá voda se nad ní rychle zavřela a boj opět pokračoval.

Honem jsem se snažil vzpomenout, jak starý je vlasec co mám na navijáku a jakou má vlastně sílu. Tušíce to nejhorší, začal jsem doufat v něco blízké zázraku. A zázrak se tu krásnou noc skutečně stal. Ryba opětně skočila, ale tentokráte se hned nepotopila. Zůstala ležet na hladině v odrazu pohupujícího se měsíce, a já ji mohl snad celou věčnost obdivovat. Nebyl to ani bream, ani úhoř, nebyl to ani žralok. Nebyla to vůbec ryba kterou jsem znal!

Vlastně trochu ano, viděl jsem ji nakreslenou v různých rybářských časopisech, slyšel jsem o ni vyprávět, četl jsem pohádky a i pravdivé příběhy, ale nikdy jsem ji neulovil.

Byl to legendární dravec z ústí řek porostlých mangovníky, dravec opěvovaný pro svou sílu, rychlost a především krásu. Byl to „Mangrove Jack", předmět mých nesčetných předešlých rybářských pokusů, příčina tuctů ztracených, za kořeny zaháknutých třpytek, krasavec, o jehož úspěšném lovu jsem se chtěl, ale doposud nemohl, chlubit u táboráku mezi otřelými rybáři. Neboť jen on, a on jako jediný, má v jejich legendách tu největší váhu a respekt - tedy možná že ne zcela, ale já tomu tak chci věřit.

„Jack" nebyl veliký a nedosahoval dokonce ani průměrné váhy tří kil. Při pohledu na mé „cejnové" náčiní, jen pouhé pomyšlení na zápas s jeho tátou, který prý může dosáhnout až šestnácti kilogramů, ve mně stačilo vyvolat paniku.

Takže ten večer jsem nakonec prožil můj dávný dětský sen - chytal jsem ryby v noci. Trvalo to celá desetiletí, než se tak stalo, ale realizace mého snu mě v žádném případě nezklamala. Také jsem si opravil kousek své životní filozofie - nyní zcela věřím, že sny se mají přece jen prožívat, a to tedy i když jsou dětské a naivní.

Ostrovy začínajícího dne

Ostrovy Fidži leží daleko od Evropy, tak daleko, že jsou vlastně úplně až na druhé straně naší planety. Proto asi tato část mapy světa, visící kdysi dávno v naší obecní škole, neměla snad ani jedno škrábnutí ukazovátka pana řídícího. Toto exotické neznámo se v mých představách až doposud rovnalo stejnému otazníku, kterým je pro mě třeba důvod, proč náš život je rozdělen na dny, které začínají a končí s pravidelnou a neměnnou přesností. Dlouho jsem věřil že to byla jen náhoda, že právě souostrovím Fidži probíhá ta stále pro mě ještě mystická, datumová hranice.

Když jsem ale poprvé stanul na prohřáté pláži jednoho malého ostrůvku, kterých Fidži má více než tři sta, a když jsem vstoupil do té nejprůzračnější ze všech zelenkavých a sluncem se třpytících, průzračných mořských vod, bylo mně jasné, že si lidé snad ani nemohli vybrat lepší místo na zrod nového dne. A dny se rodí na Fidži přímo nad tou kouzelnou vodou, domovem přepestrosti barev, tvarů a pohybů.

Malý písečný ostrůvek či spíše jen písečná výspa, viditelná z naší chatičky na „Treasure Island", nás lákala svou opuštěností hned od prvých chvil po našem příjezdu. Během našich prvých slunečných dnů strávených na ostrově, se nám tento ostrůvek stal tématem nesčetných konversací a úvah. Jeho bílá pláž prosvěcovala nějakých pět set metrů od nás, a mně bylo hned od počátku jasné, že i na tu dálku ostrůvek slibuje splnění mnoha mých rybářských představ.

Po pár slunečných dnech se ale k mému velkému překvapení na západě nakupily temné mraky a vítr zdvíhal vlny do výšek, které nám schovaly pod svou pěnu celou výspu i s její pláží. Při přílivu nám výspa zcela zmizela z výhledu, a já několikráte za den pravidelně litoval toho, že jsme nevyužili pěkného počasí a ostrůvek již dříve nenavštívili.

Následující ráno ale začalo kouzelně. Moře se utišilo, vítr se změnil v příjemný vánek a výspa se vyhřívala v klidu ranního slunce. Vyrážíme k ní na kajaku, vybaveni neočekávaným odhodláním a natření hned několika vrstvami opalovacího krému.

Korálové útesy, prosvícené paprsky ranního slunce, vytvářejí kolem ostrůvků prstenec tmavých barev, který harmonicky kontrastuje s bělostí písku kolem. Korály místy vystupují téměř až k samé hladině, a nízký odliv pravidelně obnažuje tropickému slunci jejich křehkou krásu. Někde se korálové stěny propadají do tmavých hloubek, tvoří příkrá údolí plná ryb a vytváří tichou říši fascinující svou nevšední krásou.

Ryby, některé jen rybičky, všech možných barev a tvarů, proplouvají kolem stěn, a pár se jich dokonce dostává až k samému plastickému oknu ve dně kajaku. Proplouváme nad útesy, oddělující nás od té malé písečné výspy, která již blízko vystupuje z moře před námi. Hřebeny malých vln tvoří kolem ní linii stříbřící se vody, a jakýsi nepravidelný tmavý předmět, ležící na pláži, nám doplňuje již i tak dokonalou komposici.

Naše přistání vyrušuje z klidu jen pár racků, kteří jistě jen neradi nám přenechávají celou výspu. Bílý, jemný písek jsou vlastně jen malé miniaturní úlomky vápencovitých zbytků korálů, a pod nohami nám jaksi chybí ten něžný, až téměř hladivý pocit, který jsme očekávali od prohřáté pláže. Velký, tmavý a z dálky neurčitý předmět, se změnil v mořem ohlazený a sluncem popraskaný kmen vyplaveného stromu, a ostrůvek nám tak vydal další ze svých jistě mnohých tajemství.

Našel jsem si místo, kde písčitý břeh byl nesráznější a vytvářel na konci výspy nejhlubší místa k rybaření. Po pás v teplé vodě jsem pod koncem prutu pozoroval pohyby mé zbrusu nové třpytky. Než jsem ale stačil odhadnout tu nejsprávnější rychlost, hejno asi dvaceticentimetrových rybek se začalo kolem ní točit. Některé třpytku v obloucích sledovaly a některé dokonce i na třpytku zaútočily. To vše se dělo nějaké dva metry přede mnou, a mně se naštěstí podařilo třpytku vytáhnout ještě dřívěji, než se nějaká rybka stačila chytnout. Vrátil jsem se proto na břeh a vybral tu největší třpytku, co v krabici mám - téměř deset centimetrů blýskajícího se a zřetelně těžkého, solidního kusu kovu.

Nahazuji až nad temnou řadu začínajících korálových útesů a rychle začínám navíjet. I když příliv je právě nejvyšší, některé vršky korálů jsou jen metr či dva pod hladinou, a třpytce tedy zcela vážně hrozí uváznutí.

Nestačil jsem navinout více než pár metrů a prut se ohýbá. Cívka se sporadicky protáčí a konec vlasce, lesknoucí se v slunci, míří mezi tmavé podvodní útesy. Přitahuji cívku a bráním rybě v jejím úmyslu. Ta překvapena vyskakuje z vody a snad každým svalem svého lesklého, dlouhého těla se snaží ve vzduchu třpytku setřást. Toto se několikráte opakuje, ale nakonec vyhrává třpytka a já.

Poražená a naprosto vysílená, se ryba nechává položit vlnkami na kraj pláže. Její pruhy na horní části hřbetu střídají tmavě modrou barvu s tmavou zelení, místy až s černí, a stříbro jejího břicha vysílá odražené sluneční paprsky přímo mně do očí. Kleštěmi vytahuji třpytku a nechávám rybu ležet v mělké vodě. Chvíli se nic neděje a jen vlnky s ní pohupují v klidném rytmu. Rybě zřejmě ještě nová situace není zcela jasná. Nezná totiž asi podstatu radosti, kterou mám třeba jen ze zachování, tak krásného tvora jako je ona.

Ryba se ale nakonec přeci jen rozjela, nejprve váhavě a potom náhle, jako blesk zmizela v průzračné vodě. Žádné poděkování, žádné sbohem. Na její černo-bíle naprogramovaný mozek, jsou nuance barevného myšlení, které nám lidem jsou vlastní, zřejmě jen nepochopitelnou dimensí.

Zvedl se vítr, změnil svůj směr, slunce se přehouplo přes poledne a pokročilý odliv obnažil prvé korálové útesy. Cestou zpět jsme se u ostrůvku museli vyhýbat ostrým hrotům korálů nízko pod hladinou a s úlevou jsme pod sebou uvítali hluboké, písečné dno, které nějakých sto metrů od ostrova vystřídalo korálové útesy. Všudypřítomná sůl a síla slunečních paprsků nás naprosto vyčerpala, a když nakonec přistáváme na „našem" ostrově, nejsme dalecí stejným pocitům odevzdanosti, jaké projevovala ulovená ryba. Jen naše chápání situace je snad o něco dokonalejší a s ostrůvkem se tedy několikaterým ohlédnutím nakonec loučíme. Zdejší domorodci v takovýchto chvílích zpívají „Isa Lei", krásnou a emociální píseň na rozloučenou. Z nedostatku znalosti jsme ji prozaicky nahradili ne zcela skromným naším přáním: „ Snad možná, ještě někdy jednou…"

97

Paní ryba

Zářivá hladina řeky, prosvícená poledním sluncem, oslepuje svou intenzitou a dráždí oči k nečinnosti. Malé vlnky, či spíše jen zářivé hřebínky mírumilovně poskakující po hladině, lemují místa, kde proud řeky ztrácí znatelně na rychlosti. O pár metrů dále, překvapeny nerovným dnem a uspěchaností proudu, vlnky téměř zanikají a ze svého překvapení si rovnají své hřebínky teprve až na hlubší vodě tůně, probleskující za mírnou zatáčkou.

Jen v místech, kde mírně bahnité dno v nepravidelných intervalech mění svou zeleno-hnědou barvu za světlé pruhy pronikajícího světla, obdarovává řeka vytrvalé pozorovatele svým tajemstvím, skrytým pod hladinou. Trvá mně tedy dosti dlouho rozpoznat tmavé stíny rychle proplouvajících malých ryb, reagujících poplašeně na mé kroky, a potom ještě déle rozpoznat v jakési tmavší hromádce, až u samého břehu, obědvajícího kraba. Odliv blízkého moře odhalil spodní část břehu a na něm hned i desítky jiných, malých krabů, pobíhajících jakoby bez cíle po zasychajícím bahně. Na fialových květech rozkvetlých stromů bzučí armáda včel a vysoko na bezmračném nebi se v zrcadle hladiny prohlíží kroužící orel. V takovýchto chvílích mě vždy cosi pošetile nutká sundat čepici a v úctě mlčenlivě stát.

Věděl jsem, že ten den se příliv vrátí až pozdě večer a s ním se snad i vrátí vyhládlá hejna větších ryb. V očekávání věcí příštích si připravuji těsto a lampu naplněnou olejem odpuzujícím komáry. Několik kachních brk, ležících nedaleko v trávě, mně připomnělo můj prvý splávek na mém prvém prutu na běličky, a nápad chytit pár nástražných rybiček, okamžitě vytlačuje z mé mysli všechny vzpomínky.

Vybírám ze všech kachních brk ten největší, vyrábím z něj jednoduchý splávek a zavěšuji ho nad ten nejmenší háček, který jsem v krabici našel. Kousek těsta velikosti hlavičky zápalky dokončuje mou montáž, a vše potom volně spouštím na kousek klidné hladiny vedle spadlého stromu. Vytahuji, nahazuji, měním těsto. Nic. Nikde ani živáčka, kterému by se předhozená návnada zalíbila. Zkouším měnit hloubku, místo a nakonec i velikost návnady.

Odpoledne se vleče snad ještě pomaleji než proud v řece, který vlastně již téměř ustal. Zapadající slunce změnilo sytost barev rozkvetlých stromů, a voda řeky ztemněla. Zmizela prosvícená místa a zmizely i ty nejmenší vlnky. Proud v řece se začíná pomalu a jakoby

váhavě otáčet a míří proti řece nahoru. Slunce stačilo ukázat jen trochu červeně ze své bohaté palety rudých barev a rychle zmizelo mezi porostem na západním břehu řeky.

Na biči, nahozeném na těsto, čas od času zatahá nějaká ryba, a pokud jsem dosti rychlý, chvíli se brání a nakonec se nesouhlasně pokládá do trávy na břehu. Jsou to breamové, vypadající jako zubatí, půl kiloví kapři. Všežravci, vděční za vše a neopovrhující ani mým těstem. A je to právě tato vděčnost, které si neobyčejně cením a která je nakonec vrací zpět do řeky. Druhý a třetí prut nahozený na usušenou rybičku nejeví pražádnou aktivitu. Jeden je nahozený hned ke kraji a druhý téměř až do prostředku řeky.

Na biči se opakuje stále ten stejný scénář: Nához, a sotva se splávek zavěšený těsně nad hladinou stačí uklidnit, již s ním cuká jakási nedorostlá ryba. Měním tedy velikost návnady, a těsto nyní spíše připomíná celý brambor, obalující ze všech stran velký háček. Braní ustalo, a tak si po chvíli ověřuji, zda těsto je stále ještě na háčku. Toto ubezpečení mě naplňuje jakýmsi zadostiučiněním z dobrého rozhodnutí, a tím pádem vlastně považuji „nebraní" za úspěch. Když nakonec zabrání přeci jen přišlo, byl to zase bream, tentokráte již tak kilový.

Vytahuji krabici s háčky a hledám háček ještě o něco větší než předešlý. Než jsem ale stačil jeden najít, naviják na prutu nahozeném doprostřed řeky se rozběhl a prut se ve vidličkách nebezpečně ohýbá. Zdvíhám ho a rychle mně dochází, že tentokráte se jedná o „paní rybu".

Nejprve si to pádí nějakých dvacet či třicet metrů proti proudu přílivu a proti brzdě protestujícího navijáku. K mé radosti ale náhle mění směr, a já nestačím navíjet. Nakonec se vlasec opět napíná, a ubezpečení že ryba tedy z háčku nespadla, je pro mě vzrušujícím překvapením.

Cívka na navijáku opět začíná prokluzovat, ale tentokráte si ryba zamanula se podívat přímo naproti k druhé straně řeky. Protější břeh se zdá ve stále narůstající tmě již zcela ztracený a vzdálený, a zřejmě je i dále, než stačí vlasec cívky.

Společně s navijákem se nám ale podařilo rybu zastavit, a ona dosti dlouho a poslušně se nechá vést k našemu břehu. Po chvíli ale, nepovažujíce zřejmě své rozhodnutí za dobré, mění směr a rozjíždí se podél břehu. Tahanice ve tmě pokračuje, a je jasné že ryba má oproti mně daleko větší zásobu energie.

Bolí mě ruce, chtěl bych si sednout a dát si kafe. Vůbec bych se nezlobil, kdyby ryba vlasec přetrhla či ještě lépe, z háčku se vyprostila. Háček i vlasec ale drží, a tak já a jistě i ryba, nejsme ze situace zcela nadšeni. Tah přestal, vlasec je ale napnutý a ryba zřejmě odpočívá. Nadešla má chvíle a rybu pomalu přitahuji. Ta již ani moc neprotestuje a nechá se táhnout. Chvílemi se mně se dokonce i zdá, že ryba se změnila v jakousi plovoucí, těžkou cihlu. Kroutím hlavou a tím zároveň i baterkou uchycenou na čele a osvětluji prostor před sebou. Kde vlasec mizí pod hladinou, se zvedají velké vlny, které jakoby vystupovaly až od samého dna. Prvé šplouchnutí a ryba se na chvíli povaluje na hladině a ve světle baterky se mně představuje ve své plné kráse.

„Paní ryba" je rejnok, asi metr v rozpětí, chvíli leží, chvíli znavený zkouší dosáhnout nehlubokého dna. V jedné chvíli, kdy obnažil své bílé břicho a vystavil svá ústa plná drobných zubů, se mně podařilo dlouhými kleštěmi háček vyprostit. Oba jsme si oddychli, a jistě jen těžko bychom se dohodli kdo z nás dvou více.

Vypnul jsem baterku, a rejnok tichým zašploucháním zmizel pod hladinu. Do tmy s ním zmizelo i celé to malé pozdvižení, které jsme způsobili v tomto jinak klidném koutě řeky. Dívám se za rejnokem do tmy a děkuji mu za vzrušující chvíli. Ono obligátní: „Pošli tátu!"jsem si ale odpustil. Jsem si totiž i nyní zcela jistý, že tahat z vody jeho tátu bych si určitě nepřál.

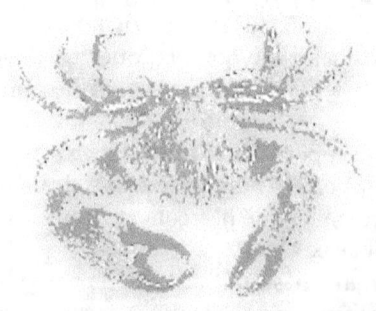

Devět probuzení na kapří řece

Ne každá řeka v Austrálii se dá nazvat „kapří řekou", a to prostě z jednoduchého důvodu: Kapři totiž nejsou v Austrálii původními rybami a nejsou všude. Byli vysazeni až teprve po osídlení anglickými přistěhovalci, a poprvé se tak stalo koncem devatenáctého století. Od té doby byli kapři vysazeni ještě několikráte, ale definitivně naposledy to bylo v polovině minulého století.

Z původního pomocníka na čištění zavlažovacích kanálů, plných vodní trávy, se v posledních několika desetiletích stal úhlavní nepřítel. Svádí se na něj, že znečisťuje vodu svým rytím v bahně, že decimuje populaci potěru ostatních ryb, no prostě svádí se na kapra jakýkoliv vyskytnuvší se problém v řece, jezeru či rybníce.

Obviňovat kapry z kalení řek samozřejmě neobstojí. Je paradoxní že v jihovýchodním Queenslandu, právě řeky, kde kapři se nevyskytují, jsou ty nejkalnější. Také si jaksi nedovedu představit kapra prohánějícího hejna potěru, a kdykoliv jsem se otázal rybářů, zdali kdy ulovili kapra na živou rybičku či třpytku, vždy se mně dostalo záporné odpovědi. Tyto skutečnosti se ovšem přehlíží a tak stokráte opakovaná lež se stává pravdou.

Takže nyní tu každý rybář, vážící si své pověsti, nevezme slovo kapr do úst, aniž by ho potom nezapil notnou dávkou bublavého piva. S výjimkou přistěhovalců, kapry v Austrálii nikdo na jídlo neloví.

Každý stát v Austrálii má své vlastní rybářské zákony, které se různí téměř ve všem. V jediném, v čemž se svorně shodují je, že kapr je škodná, která se nesmí pustit zpět do vody. Nesmí se používat ani jako návnada a samozřejmě, že se nesmí nikde chovat a ani vysazovat. Jedna verze zákona v Queensladu dokonce trvala na tom, že rybář nesmí žádného uloveného kapra pustit zpět do vody a nesmí ani u sebe kapra mít, a to ať živého či mrtvého. Kdykoliv jsem z lodičky chytil kapra, nelogičnost takovéhoto nařízení mně byla rozpačitě jasná.

U populárních míst na rybaření, kde se vyskytují kapři, jsou dokonce i kádě, kam se ulovení kapři mají házet. To se uplatňuje hlavně při tzv. „rybářských závodech". Nejsou to ale přesně závody, tak, jak je zná zbytek světa. Liší se tím že ulovení kapři, a to i ti sebemenší, se musí do těch sudů házet, a potom jsou odvezeni ke zpracování na konzervy pro kočky či na hnojivo květinám.

Ve jménu boje proti kaprům jsou autority schopny zacházet až do přímo neomluvitelných extrémů. Například na Tasmánii v jezeru Echo, objevili v polovině devadesátých let na pláži vyplaveného mrtvého kapra. Řetězová reakce, kterou tento objev spustil, pociťovali potom tamější rybáři po mnoho rybářských sezón. Státní úřad se rozhodl kapry vyhubit, a tak nejprve zavřeli celé jezero pro rekreační rybáře. Jezero leží na náhorní plošině uprostřed ostrova a bylo populární velkými pstruhy. Úlovek čtyřkilového pstruha nebyl ničím neobvyklým. Voda v jezeře je poměrně chladná, a skutečnost že se kaprům podařilo vůbec se v jezeře vytřít, považuji za něco blízké zázraku. Nejprve se uvažovalo o otrávení všech ryb v jezeře. Tak by se jistě i stalo nebýt toho, že z jezera vytéká řeka, která protéká farmami a voda z ní se používá k zavodňování. Autoritám také zcela ušlo, že ta řeka je plná línů, kteří od kapra nemají moc daleko. Ale lín je z nějakých neznámých důvodů oblíben, a to ač ho málokdo loví. Zločinec je tedy jen kapr.

Pracovníci státního rybářství potom lovili v jezeře elektrickým proudem, a nakonec po několika letech to vzdali a jezero je opět otevřené pro rekreační rybolov. Z pochopitelných důvodů není ale již tak populární.

Já ovšem kapry mám rád, a to nejenom na talíři. Takže, když jsem se seznámil s jedním rybářem, a ten mně řekl o řece plné kaprů, nemohl jsem se dočkat dne, kdy na ně vyrazím. Nakonec, tak jako husa se dočkala klasu, tak i já jsem se asi po měsíci dočkal.

K řece bylo nějakých tři sta kilometrů a po poledni jsem tam dorazil. Prvé místo na které jsem přijel, bylo přímo pod přehradu Coolmunda, ze které Macintyre řeka vytéká. Hned pod přehradou řeka tvoří tůň, a z mé minulé návštěvy vím, že je plná kaprů. Při mé prvé návštěvě jsem je zastihl právě při tření.

Jeden břeh tůně je ale součástí oblasti vyhrazené pro projíždějící turisty, a na můj vkus, rybaření v tůni nemá tedy nutný klid, který si rybaření jistě zaslouží. To byl také důvod, proč jsem se na toto místo po mé prvé návštěvě již nevrátil. Také potok, který vytékal z tůně, byl mělký, a kam jsem ho až stačil sledovat, moc nadějně na rybaření nevypadal. Nenapadlo mě ale, že řeka pokračuje a po několika kilometrech tvoří ty slíbené, velké tůně. Podle rad známého jsem se pustil dále po silnici a brzy jsem odbočil k farmě, za kterou ty tůně měly někde být.

ZLOČINEC
ŠKODNÁ RYBA
POZOR
Kapr

Každý ulovený kapr se musí zničit
Žádný se nesmí pustit zpět
Nepoužívat jako návnadu,
živé či mrtvé
Porušení těchto nařízení se trestá
pokutou až do $150 000
Více informací na 13 25 23
www.dpl.qld.gov.au/fishweb

Nejenom že to je dobrým zvykem, ale někdy je to i přímo nutné, požádat majitele soukromého pozemku o povolení ke kempování. Zatím jsem vždy tak činil a vždy se mně takového povolení dostalo. Také tentokráte opálená farmářka nic nenamítala proti tomu, abych kempoval na jejich pozemku. Aby se naše konversace neomezila jen na tuto pouhou formalitu, zeptala se mě také, jaké ryby se chystám lovit.

Trochu mě tím překvapila. Podle doposud nabytých zkušeností vím, že farmáři se o rybaření moc nezajímají. Na oplátku jsem ji také překvapil, když jsem odpověděl, že kapry. Nedovedla pochopit, co budu s ulovenými kapry dělat.

Ujistil jsem ji, že jich asi moc neulovím, ale ty co tedy ulovím, si vezmu domů a sníme je. Zakroutila hlavou, něco na způsob „proti gustu žádný disputát", a pro dobrou míru dodala že to je v pořádku, že ona zná jednoho, také Evropana, který sem jezdí lovit kapry a on ty kapry také jí. Navíc mně řekla jeho jméno a v podstatě doufala, že jsem jeho přinejmenším bratranec. Jistě by se raději spokojila s jednou, pro ni podivnou rodinou, než s dvěmi, naprosto rozdílnými jedinci. Když jsem nakonec odjížděl k řece, přátelsky mně zamávala a ty kapry mně zřejmě i odpustila.

Řeku jsem našel snadno podle řady eukalyptů lemující její břehy. Hned u prvé tůňky jsem zastavil a šel se projít po jejím břehu. Potok byl, tak 10-20 metrů široký, a většinou jsem viděl i jeho mělké dno. Tam, kde jsem dno neviděl, jsem potopil olůvko zavěšené pod prutem. Nedovedl jsem si představit, že v pouhém metru hloubky budou nějací větší kapři. Pokračoval jsem tedy autem po cestě dále proti proudu potoka a najednou jsem se ocitl před velkým, hučícím jezem. Tůň pod jezem byla přímo kouzelná, a mně bylo najednou jasné, že jsem dorazil na vytoužené místo.

Kousek nad jezem kempovali zřejmě také rybáři, a tak jsem se s nimi šel pozdravit. Jejich kemp byl dočasně-permanentního charakteru: Měli tam od větrného generátoru až po motorovou pumpu na vodu. Majitelé byli manželé, Frank a Down, a oba již na penzi. Kempovali tam již několik měsíců a byli to definitivně vášniví rybáři. Usoudil jsem podle toho, jak povyskočili, když jsem jim sdělil, že budu lovit kapry.

„Zatracené euro! Co s ním budeš dělat?" neudržel se Frank.

A tak jsem spustil svůj flašinet chvály na kapry, který jsem měl po tolikátém opakování naučený natolik, že jsem nemusel již ani

pauzírovat mezi jednotlivými větami. Franka jsem ale nepřesvědčil, neboť naši konversaci uzavřel znovu nadáváním na zatracené euro. Tím myslel totiž kapry. Domnívám se, že mezi rybáři tu jmenovat kapry jménem je snad dokonce i hřích. Přezdívka „euro" se dá asi více tolerovat.

To, co mně Frank o kaprech řekl, bylo sice málo, ale naprosto stačilo k tomu, abych si na druhý den uvařil dvojnásobně velkou kouli těsta. Rybolov již nyní vypadal více než slibně.

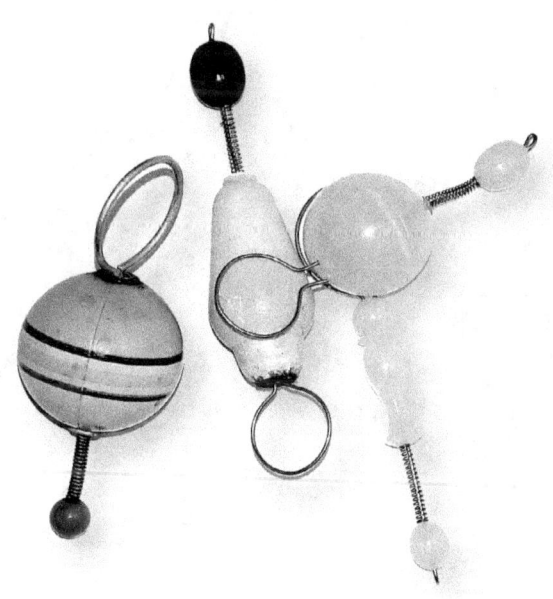

Prvé probuzení

I když mé rybářské nadšením mě nechtělo nechat dospat do bílého rána, má pohodlnost mně to shovívavě dovolila. Takže k vodě jsem se dostal až kolem desáté. Kam až oko dohlédlo, všude bylo překrásné dopoledne, překrásného dubnového dne. Hučící jez mě nakazil nedočkavostí a kouzelná tůň vyburcovala mou představivost až v očekávání nezapomenutelných zážitků.

Nahodil jsem střídavě pod jez, doprostřed tůně a i ke kraji. Bylo mně potom jasné, že pod jezem je voda nejhlubší a u výtoku je tůň jen asi metr hluboká. Nahodil jsem kouli těsta na prosluněný kus dna blízko výtoku a druhým prutem jsem na splávek zkoušel ulovit nějaké ty menší ryby.

Zkusil jsem je také lovit čeřenem, ale k mé velké nelibosti jsem nic nechytil. Na radu jednoho specialisty, který radil rybářům na jedné výstavě rybářských potřeb, jsem si již před časem koupil síťové pastě na malé rybičky. A tak dnes poprvé jsem je vyzkoušel na řece a jako návnadu jsem použil obsah konzervy pro kočky. Udivilo mě, že ty ryby tu byly zrovna stejně chytré, jako byl náš kocour, který ty konzervy také nejedl. I po několika hodinách pasti byly více než prázdné.

Když jsem je tahal z vody, zrovinka procházel kolem jeden rybář a samozřejmě, že viděl, jak marné bylo mé snažení. Většina australských rybářů je velice společenská a když jdou kolem jiného rybáře, tak ho minimálně pozdraví. A jelikož většina z té většiny nezůstane jen u toho pozdravu, tak se stalo, že jsem měl najednou ve kbelíku několik malých krevetek. Ten procházející rybář skončil s rybařením a se zbylými krevetkami mě štědře obdaroval. Velice pochybovačně se podíval na mé těsto a zdůraznil, že zde se loví na krevetky či na malé ráčky.

Ani mě nenapadlo mu prozradit, že můj úmysl je lovit kapry. Takže s vylitím kbelíčku zpět do tůně jsem počkal až jsme se oba srdečně rozloučili a jeho auto zmizelo v prachu silnice. Nechal jsem si jen jednu mrtvou krevetku a v duchu jsem tomu přátelskému rybáři slíbil, že na ni skutečně zkusím později chytat.

Slunce pražilo, jak má správně v Austrálii pražit, a mně se nějako nechtělo věřit, že stále ještě nemám záběr. A ani na jednom prutu a ani jedno zabrání. Když po hodině se situace nezměnila, a mé těsto bylo naprosto ignorováno veškerou rybí populací tůně, rozhodl jsem se ke změně taktiky.

Viděl jsem totiž před sebou četné kroužky od ryb sbírajících z hladiny. Nebyly to zřejmě veliké ryby, neboť kroužky také nebyly veliké, ale přesto jsem se rozhodl je zkusit ulovit. Vytáhl jsem prut se suchou šňůrou a uvázal jsem tu největší suchou mušku, kterou měli kdysi v jednom obchodě v Praze. Potom jsem házel a házel a ryby mou mušku ignorovaly, stejně tak velkoryse, jako předtím mé těsto. Během házení, které se změnilo v podstatě jen v trénink dohodit co nejdále a na co nejmenší cíl, jsem usilovně vzpomínal, co jsem kdy slyšel či četl o podobných situacích. Z mého rozjímání mě najednou vyrušilo drnčení navijáku na prutu nahozením na těsto. Na prutu, na který jsem úplně zapomněl!

Několika poskoky vzad jsem se chopil prutu, ale byl jsem natolik překvapen, že snad tak minutu jsem natáčel s plně povolenou cívkou. To dalo rybě dost času si klidně zajet až samému jezu, a mně bylo najednou jasné, že se tam můj vlasec zamotá. Z tohoto manévru jsem později usoudil, že pod jezem se ryby cítí nejbezpečněji, čili že tam pobývají přes noc a přes den potom vytáhnou na prosluněné mělčiny.

Utáhl jsem drnčící cívku na přijatelné protáčení a začal rybu tahat dále od jezu. Nechtěla se ale dát a stále se tam chtěla vracet. Udivovalo mě, s jakou silou ryba ohýbala špičku mého dosti tvrdého prutu. Až teprve, když jsem viděl že kapr je chycený za ocas, bylo mně vše jasné.

Nakonec asi dvoukilový, vyjevený kapr ležel přede mnou na břehu. Při pohledu na toho krasavce kapra se ve mně utkaly dvě emoce. Jedna mě nabádala neuposlechnout zákon a kapra pustit zpět do jeho tůně. Druhá mně spíše poroučela pravý opak. Byl to velice vyrovnaný boj. Nakonec ale, tak jako u Kecala v Prodané nevěstě, „...ostrá mysl má..." zvítězila, a kapr skončil jako řízky u Franka v mrazáku. Myslím si také, že ve velké míře k vítězství té mé druhé emoci přispěla i přítomnost jednoho náhodného rybáře, který zrovna projížděl kolem.

K lovu na mrtvou krevetku jsem se dostal až večer. Byla již tma, když jsem si na ni vzpomněl, a tak jsem vzal jeden prut, jen s háčkem a bez olůvka. Nahodil jsem jen na kraj k trsu trávy, a než stačila krevetka dopadnout hlouběji, následovalo prudké zacukání. Po zaseknutí jsem vytáhl podměrečného „Golden Perch" nebo také „Yellowbelly", přeloženo - „žluté břicho", jak je tu místní nazývají. Ani jsem ho nemusel měřit, těch předepsaných třicet centimetrů neměl.

115

V Austrálii je zaběhnutý zvyk zahrnout všechny ryby do mužského rodu, takže všechny ryby jsou „on". Ne jako u nás, kde máme třeba paní štiku či slečnu běličku. Zde jsou prostě všechny ryby páni. Takže pokud bych chtěl najít nějaký nejbližší ekvivalent, kterým výstižně titulovat toho chyceného žlutobřicháče, nazval bych ho asi školákem.

Krutý osud ulovených kaprů a snadný úspěch při lovu na krevetku mě natolik pomátl, že jsem šel spát s předsevzetím, že zítra tedy kapry určitě lovit nebudu a zkusím žlutá břicha.

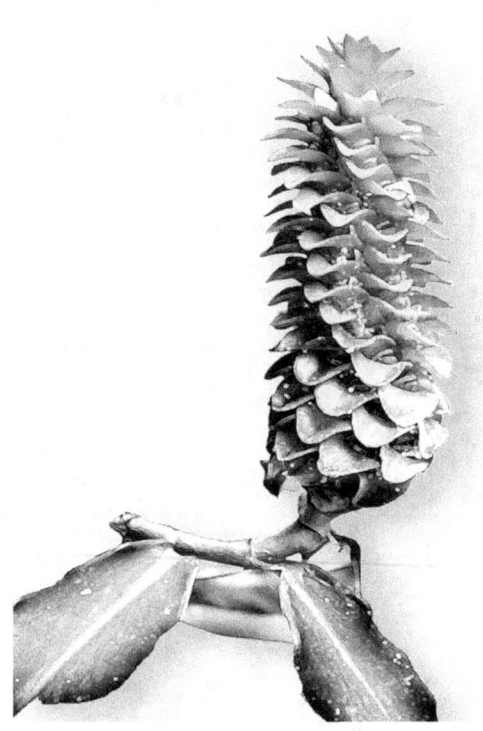

Druhé probuzení

Jez hučel celou noc, a tak jako prvý večer, tak i tentokráte mě brzy ukolébal do spánku naprosto prostého všech snů. Slunci se ráno podařilo vyjít dřívěji, než se podařilo mně, a když jsem konečně stanul na okraji tůně, vybaven muškařským prutem s mokrou šňůrou, svítilo již, jako kdyby nikdy nezapadlo. Z mušek v krabici jsem vybral jednu, která by mohla s velkou dávkou fantazie ve vodě předstírat že je krevetka. Házel jsem všude možně. K jezu do zpěněné vířící se vody, do středu tůně, ke krajům porostlých keři a chuchvalci trávy. Na některých místech větve potopených stromů vyčnívaly nad hladinu, a bylo jasné, že pokud bych tam nějakou větší rybu zasekl, šance na utržení návazce mnohokráte převyšovaly šance na úspěšné zdolání ryby.

Po nějaké době jsem si prohlédl mou mokrou, schlíplou mušku a rozhodl se, že ji nechám odpočinout a podívám se po jiné. Bylo to ale těžké hledání. Nikdy jsem se nesnažil krevetku napodobit, dokonce mě to ani ještě nikdy nenapadlo. A tak mé mušky vypadaly jako všechno možné, jenom ne jako krevetky.

V autě sebou většinou stále vozím pár krabic s vybavením na vázání mušek. Hlavně z toho důvodu, že pro ně nemám doma žádné bezpečné místo. Muži, ženatí za milovnice pořádku, jistě pochopí mé obavy si nechat krabice, plné tzv. „cajků", někde na místě určeném ke skladování pořádku. V mé rybářské skříni musí být pořádek. Takže má rybářská skříň je plná pořádku, ale jinak nic jiného se mně tam již nevejde.

Vybalil jsem krabice a pustil se do vázání. Za chvíli jsem měl dvě mušky o kterých jsem se domníval, že jistě pomýlí nějakého toho žlutobřicháče. Ovšem nepomýlily, a to ani po dvou hodinách usilovného házení.

Zmořen jsem si sedl do stínu auta a nebýt Franka, asi bych minimálně hodinu spal. Jenže Frank se rozhodl si prohlédnout jeho pastě na krevetky a když procházel kolem mě, asi ze zdvořilosti hlučně zakašlal. Okamžitě potom jsem se probudil k činnosti a z čiré zvědavosti jsem ho následoval k jeho pastím. Frank měl pasti nalíčeny již od minulého dne a s nadějí, hraničící se samozřejmostí, je začal vytahovat. V prvé nebylo nic a v druhé také nic. Frank se divil, že tam nic není, ale já bych se divil, kdyby tam něco bylo. Abych ho utěšil, postěžoval jsem si mu, že ani v mých pastích nic nebylo. Na to on mávnul rukou, jako že je to nepočítá.

Aby anuloval tento neúspěch, vyzval mě navštívit jeho kemp, kde mně ukáže, jaké ryby on a jeho manželka chytili dnes ráno. Na konci lodičky, zpola vytažené na břeh, měl uvázanou síťku s ranním úlovkem, a ryb tam bylo požehnaně. Až na jednu to byli samí žlutobřicháči, a ta jedna ryba byla malý sumeček.

Co do velikosti mne ty ryby moc nenadchly. Jak jsem ale zjistil později u večeře, na kterou mě Down srdečně pozvala, jejich maso mě nadchlo velice.

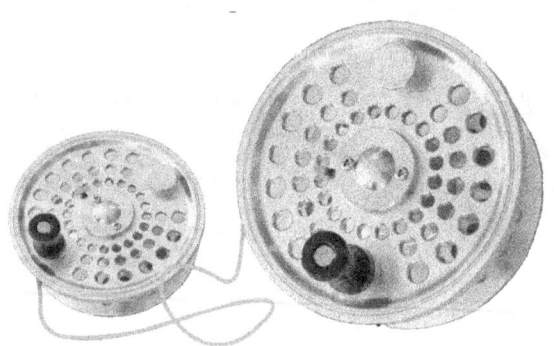

Třetí probuzení

Při večeři se Frank nabídl, že mě vezme druhý den v jeho loďce na řeku nad jezem. To byla samozřejmě nabídka, která mě potěšila tak moc, že jsem byl i ochoten si natáhnout budíka pro případ, že pojedeme brzy ráno. Frank mě ale ujistil, že ryby tam berou až kolem poledne, a tak jsem to ráno spokojeně spal až téměř do samého odjezdu.

Frank mě viděl při mých pokusech lovit na mušku a byl velice potěšen, když jsem se dostavil k odjezdu jen s malým prutem a koulí těsta. Vysvětlil mně, že měl obavy z mého muškařského prutu, protože slyšel o případech, kdy spolurybáři přišli při takovémto lovu o oko. Ujistil jsem ho, že se tak může stát i při normálním rybaření a přidal jsem příhodu, kdy se mně při nahazování podařilo zaseknout mého bratrance Zdenka za oční víčko. Franka jsem také ujistil, že to asi moc nebolí, protože Zdeněk, tenkráte mladík, si ten háček nechal klidně vztrhnout z kůže víčka, k doktorovi nešel a ani to na mě nežaloval doma.

Vyjeli jsme a loď se přímo vznášela nad řekou. Podívaná to byla úžasná. Zrcadlící hladina se rozprostírala daleko před nás a jako vzácné benátské zrcadlo, pravdivě odrážela barvy stromů lemující řeku. Obvykle, tak dvě stě metrů před námi, se občas poplašeně zdvihly od hladiny hejna kachen a svým startem jakoby stříbrem prokládaly jinak neporušenou vodní hladinu. Vrány, posedávající na uschlých stromech, komentovaly naše vetřelství hlasitým krákoráním, slyšitelné i přes rachot přívěsného motoru. Neměl jsem kdy ani tušení, že takový krásný kout může být skrytý mezi suchem vyprahlými a prachem pokrytými pastvinami.

Frank zastavil na mělčině, asi dvacet metrů od břehu a nahodil dva pruty. Oba na krevetku. Potom ještě vyndal cívku s natočeným vlascem a udicí, na kterou zavěsil hned několik žížal. Jak pruty, tak i vlasec na cívce nebyly nahozeny dále než nějaké dva či tři metry od lodi. Voda kolem lodě byla prorostlá jakousi vodní trávou, se silnými stvoly a dost širokými listy. Jelikož mé koule těsta se ani po několikanásobném nahození nedostaly ke dnu, nevěřil jsem ani, že by se to povedlo Frankovým návnadám. Přidal jsem proto na vlasec splávek a zklamaně pozoroval, jak ho slabý větřík nejprve chvíli nesl vodou, a potom se splávek zastavil a těsto se zachytlo za trávu.

Ryby přímo klasicky nebraly, ani Frankovi a ani mně. Ani na krevetku, ani na žížalu a ani dokonce na mé těsto.

Frank se pustil do vyprávění jeho životních příběhů a to vydalo za všechny záběry, které jsme kdy mohli na takovémto skutečně krásném místě očekávat. Dalo by se říci, že Frankův život až doposud byl velice pestrý. Vyrůstal v padesátých letech, kdy Austrálie byla stále ještě skutečně pionýrskou zemí. Během jeho vyprávění jsem si hned několikráte vzpomněl na povídku „Settling on the Land" od Henry Lawsona.* Jak autor svým životem, tak i jeho dílo patří mezi Australskou literární klasiku. Hlavní charakter v té povídce, stejně tak jako Frank, procházel v životě podobnými, někdy až krutě groteskními situacemi. Naštěstí a na rozdíl on něj, Frank ale v blázinci neskončil.

Slunce do nás nemilosrdně pálilo, a nakonec jsme se přemístili a zakotvili pod nahnutou korunou stromu, kde bylo daleko příjemněji. Já jsem dokonce i doufal, že tam najdeme nějakou rozumnou rybu, která nám nakonec i zabere. Nenašli jsme a Frank usoudil, že dnes ryby brát nebudou. A jelikož takovýto argument se těžko vyvrací, naprosto jsem s ním souhlasil.

Cestou zpět mě Frank, jako obvykle opět udivil. Téměř až u kempu zamířil lodí na druhý břeh a z vody vytáhl nalíčenou šňůru. Šňůra byla uvázána na silné větvi a jako splávek sloužila plastická láhev od limonády. Na háku nebylo nic, a Frank tedy vytáhl z kbelíku jednoho vzpírajícího se ráčka a napíchl ho za ocas.

Až doposud jsem žil v domnění, že nalíčené šňůry jsou v Austrálii ilegální. Když jsem ale uviděl na šňůře lístek s Frankovým jménem, nevěděl jsem co si mám myslet..

„Oh no", ujistil mě Frank. K lovu na řekách v Queenslandu, jeden může používat až čtyři takovéto nástrahy, může lovit na až čtyři pruty či může nastražit až čtyři pasti. A samozřejmě do tohoto limitu se dají tyto kategorie různě kombinovat. Čtyři je ale to magické maximum. A navíc k rybolovu v Queenslanských řekách nemusí být žádné povolení. Rybářské zákony ale platí.

„Jakmile ale přejedeš hranici do jiného státu, vše již jiné, tak na to pozor!" nabádá mě Frank.

Neměl jsem odvahu Frankovi vysvětlit, že nalíčená šňůra není v mém rybářském repertoáru a že většinou lovím jen na dva pruty. Ale možná, že v určitých momentech, bych třetí či i čtvrtý prut docela zvládnul. Mají mně ryby nebrat na dva, tak ať mně klidně neberou na čtyři pruty!

* (volně přeloženo „Začátky farmaření")

125

Čtvrté probuzení

O toto probuzení se mně postarala hejna křičících papoušků. Papoušci kroužili nad stromy a odlétli za vycházejícím sluncem, až teprve, když jsem se vyhrabal ze stanu. Ihned jsem dostal podezření, že ten všechen rámus byl určen specielně pro mě a že tedy dnešek bude jistě specielní den.

Vybalil jsem nafukovací člun a rozhodl se rybařit na řece nad jezem. Po včerejším výletu jsem byl celý nedočkavý zajet znovu na to místo, kam mě vzal Frank a znovu tam zkusit rybařit.

Když Frank viděl můj člun a mé vážné přípravy, okamžitě se nabídnul, že mě vezmou do vleku a zavezou na místa, kde oni vždy nějakou tu rybu uloví.

To byla nabídka z kategorie nabídek o kterých se neuvažuje. Řekl jsem ano, děkuji pěkně, a za necelou hodinku si to můj člun uháněl překvapivou rychlostí proti proudu řeky.

Frank mě varoval, že přijedeme na místa, kde budu muset pádlovat. Asi po půlhodince jsem mu musel dát za pravdu a rozvázat provaz za který mě táhli. Frank a Down zmizeli za zatáčkou řeky a já pádloval

pomalu za nimi. Pádloval jsem pomalu nejenom z vlastní pohodlnosti, ale hlavně proto, aby mě žádná skrytá krása tohoto koutu řeky neušla. Tímto jsem si ovšem vytyčil moc veliký cíl. Při mé další návštěvě jsem totiž stále objevoval nová a nová zákoutí, nové záblesky odraženého slunce v nových tůňkách a nové palety barev.

Vzpomněl jsem si na český film „Cesta do pravěku", který byl v mém dětství jedním z mých velice oblíbených. Po jeho shlédnutí jsem ustavičně přemýšlel, jak jen takovou cestu uskutečnit. Jak zažít ty chvíle, které již tenkráte byly tím mým vrcholným, vysněným dobrodružstvím. Na té kapří řece, pádlujíce k neznámým tůním, jsem byl k tomuto mému snu snad kdy nejblíže.

Také krajina vypadala tak panensky exotická, že bych se z počátku asi vůbec nedivil, kdyby se někde objevil nějaký ten pravěký ještěr. Každopádně bych se nedivil, kdybych spatřil jeho vrstevníky krokodýly. Jsme sice v jihovýchodním Queenslandu, kde krokodýlové normálně nežijí, navíc k moři to je pěkně daleko, ale podnebí je tu pro ně přijatelné.

Frank a Down byli již někde vpředu a tak jsem musel s touto otázkou počkat, až jsem je znovu našel.

Hned bylo jasné, že jsem udělal Frankovi velkou radost. Smál se a ujišťoval mě, že žádní krokodýli tu nejsou. Zaklepal rukama a nohama a vysvětloval, že za tu dobu co tu chytá ryby, ho ještě žádný krokodýl nejenom nesežral, ale dokonce si z něj ani kousek neukousl.

Věděl jsem velice dobře, že má otázka byla naprosto pošetilá. Ale při lovu ryb na řekách v severní Austrálii, si tuto otázku jistě klade většina rybářů. Ne třeba nahlas a ne třeba před ostatními, ale třeba jen někde hluboko v koutku své duše, kam ukládají na hromadu své různé obavy. Krokodýli jsou totiž již několik desetiletí v Austrálii hájeni a rozmnožili se tak moc, že hledají nová loviště stále jižněji a jižněji.

Frank mně také vítězoslavně sdělil, že již chytnul jednoho žlutobřicháče a nebezpečně zamával podběrákem. Zakotvil jsem nějakých třicet metrů nad nimi a ani jsem nerozbalil prut. Pozoroval jsem Franka a Down a všechnu tu rybářskou krásu kolem. Na nic jiného mně totiž nezbýval čas.

Pádlování tichou řekou mě tak nadchnulo, že jsem se rozhodl pádlovat celou cestu zpět. Takže jakmile jsem se dočkal dalšího Frankova úlovku, pustil jsem se na cestu.

Při tichém pádlování jsem najednou viděl všechen ten pestrý život, kterým řeka oplývá. Vodní ptáci mě vzali za jednoho z nich a tentokráte poplašeně neodlétávali. Naopak, měl jsem dojem, že se mně chtějí chlubit jejich pestrým peřím, štíhlými krky, jejich zpěvem a lehkostí, s jakou se procházejí po plochách vodní trávy.

Asi uprostřed zpáteční cesty jsem neodolal a zakotvil v jedné velice slibné zátoce. Nahodil jsem na těsto a nechával jsem odpolední slunce malovat stín mé čepice na trsy trávy rozprostřené na hladině. Žádný kapr ale nebyl zvědavý na můj stín a ani na mé těsto, a tak jsem nejenom žádného neulovil, ale dokonce jsem ani žádného neviděl.

Asi po hodince jsem pádloval zpět a usilovně přemýšlel, jak si vylepším tvrdou sedačku, na kterou si mně jedna specifická část mého těla neustále stěžovala.

Páté probuzení

Při snídani jsem se obešel bez novin, což se obvykle neobejdu. Při úrovni mého vaření je totiž důležitější, co při jídle čtu, než to co jím. Dnes ale pozorování hladiny řeky přede mnou mě natolik zaujalo, že bych stejně na čtení neměl čas. Kousek před kempem se totiž čas od času vyhoupl kapr. Ne vysoko, jen trochu, jen aby okem nakoukl do nového dne nad vodou. Zvlněná vodní tráva, kterou po sobě zanechal, mě ujistila, že to žádný školák nebude. Když jsem dojídal kaši a viděl jsem dokonce nad vodou najednou dvě kapří hlavy, stačilo to a já se rozhodl. *Dnes zkusím lovit ty kapry zde, přímo u kempu!*

Za těch zhruba sedmdesát let co tu ten jez stojí, se řece podařilo uložit nánosy jemného, bahnitého písku podél břehu, kde kempujeme. Vytvořila se tak mělčina něco přes metr hluboká, zarostlá vodní trávou a téměř bez proudící vody. Přesně tu jsem si vybral pro dnešní rybaření a zakotvil jsem člun nějakých patnáct metrů od břehu našeho kempu. I když jsem si původně vybral kousek čisté hladiny bez trávy, po zakotvení jsem hned viděl, že vodní tráva sice nedosahuje hladiny, ale prostor pod člunem jí byl plný.

Jednu kouli těsta jsem zavěsil jen tak dolů pod prut a nad druhou jsem přidal splávek. Přestože jsem měl dvě „kotvy", jedna byla na provaze uvázaný kámen a druhá láhev od mléka naplněná pískem, slabý větřík stále točil člunem, a vlasec se v trávě zamotával. Při pohledu na velkou kouli těsta, kterou jsem si připravil v očekávání věcí vzrušujících, jsem nabyl jistoty, že dnes z té koule toho těsta asi moc nezbude.

Poledne minulo bez jediného záběru. Sedačka, stále ještě nevylepšená, mně svou tvrdostí nedovolila se moc pohodlně usadit, a tak namísto odpolední siesty jsem raději poposedával a nakonec jsem nahodil ještě třetí prut.

V tom ale přišel záběr. Nejprve na prut s těstem, volně visícím nějaký půlmetr pod hladinou. Záběr to nebyl ale ten typický, kapří rozjezd. Připadal jsem si spíše, že lovím cejny. Špička se jen málo klepala, teď trochu, teď zase nic a znovu trochu. Kdy mám sekat? A tak zkouším sekat kdy mě to jen napadne. Ryba se ale nenechala odradit náhlým zmizením té koule těsta a hned, jakmile jsem to těsto vrátil zpět do vody, začala opět zobat. Nakonec se mně podařilo zaseknout kapra-dorostence, který na Labi by měl sotva míru.

A kdyby náhodou tu míru měl, jistě by si zasloužil propuštění zpět do řeky. Zde se to ale nesmí.

Po válce soud v Norimberku jasně stanovil precedent, že každý je individuálně odpovědný za své chování, rozkaz či nerozkaz. Mohl bych tedy alespoň před svým svědomím argumentovat, že tento zákon, nařizující každého kapříka zabít, je krutý a v civilizovaném světě nemá místo. Bylo mně jasné, že tuto potyčku, kterou mám se svým svědomím, mně mé rybaření vždy velice ztíží. A tak jsem byl velice rád, když kapři brali a když se mně podařilo nějakého zaseknout, ale ještě raději jsem byl, když se těm krasavcům podařilo z udice vyvléknout. Upiloval jsem totiž protihroty na háčkách, proti čemuž zákon nic nenamítá. To je dovoleno a to se tedy smí.

Prvý kapr rozvířil hladinu a nadělal tak moc hluku, že jsem ani nedoufal, že na tomto místě ještě něco ulovím. Než jsem ale stačil sbalit pruty, splávek se rozjel, a brzy se další kapr šplouchal u člunu. Nebyl o mnoho větší než prvý, ale ryba to byla krásná.

Od kempu zavanul dým ohně a Frank na mě mával. Byl čas na odpolední čaj a trochu odpočinku po takové námaze.

Až pozdě odpoledne jsem nahodil dva pruty přímo ze břehu pod mým stanem. Oba jsem nahodil před sebe kamsi mezi tu vodní trávu, bez olůvka, jen tak na kouli těsta. *Budeme si hrát na schovávanou, ať si kapři hledají!*

Teprve až k večeru jeden to těsto našel a po krátkém přetahování to utkání s mým vlascem prohrál. Stále jsem čekal na toho „pana" kapra, nějakého deseti kilového starostu. Ti ale buď v řece nebyli, anebo na těsto nebrali.

Večer vyšel měsíc a já si nemohl vzpomenout, jestli je to pro rybaření dobré či špatné. Pokračoval jsem proto dále a nahazoval jsem odevzdaně kamsi do stříbrné tmy vpředu. Ryby sice braly, ale nebyly to žádné rozjezdy. Jen tak uďobly tu a tam, popotáhly a nechaly těsto těstem. Po chvíli se ale vrátily a škádlily mě dále. Pan Strnad ze Záryb by situaci asi komentoval tím, že „ryby byly na školení".

To rozhodlo a já naházel zbylé těsto do vody.

Šesté probuzení

Po včerejším rybaření se lov kaprů nad jezem stal již úspěšně zvládnutou výzvou mému rybářskému egu. Navíc vidina míst nahoře proti proudu řeky, se mně rychle měnila ve stále nové superlativy, a tak hned po ránu jsem se rozhodl rybařit tento den právě tam. Večer jsem stačil ještě nalíčit dvě pasti na krevetky, a to přímo nad jez. Usoudil jsem, že tam je asi těžko někdo líčí. Alespoň Frank je tam ještě ani jednou nenalíčil, a to bylo pro mě směrodatné. Když jsem je ráno vylovil, byl jsem více překvapen než Frank. Chytilo se jich tam tak patnáct. A nejenom krevetky, ale i malí ráčci. Den začínal úspěšně! Naložil jsem pruty, krevetky i ráčky a vydal se mým člunem proti proudu řeky. Naštěstí proud řeky byl téměř zanedbatelný, a tak mně trvalo snad jen hodinku se dostat až k místu, kde se řeka změnila v potok.

Než jsem ale pokračoval potokem nahoru, přistál jsem nejprve na břehu porostlém jemnou trávou, který přímo lákal k zastavení. Řeka byla hned u břehu hluboká, a já se domníval, že kapři by mohli touto dobou být právě zde.

Jeden prut jsem nahodil na mrtvou krevetku a dva na těsto. Opět jsem se řídil teorií pana Strnada, který říkal, že velká návnada přivábí velkou rybu.

Splávek přímo překrásně plaval na klidné hladině a já očekával, že se musí každým okamžikem potopit anebo alespoň poskočit, popojet, zakývat se. Ale on nic a ostatní dva pruty s těstem a krevetkou také nic.

Po hodině naprostého nebraní jsem se pustil člunem nahoru řekou. Ta se místy zúžila jen na pár metrů a místy se opět rozšířila ve větší tůně. Někde se změnila na několik ramen a já si nemohl vzpomenout, kterým jsme minule s Frankem pluli. Slyšel jsem někde, že vzdálenost se snižuje s poznáním. A skutečně, tentokráte se mně cesta nezdála tak zdlouhavá, jako když jsem tu plul poprvé.

Uvázal jsem špičku člunu za trs vysoké trávy a nahodil jeden prut na těsto. Na druhém prutu jsem stále ještě měl tu jednu mrtvou krevetku a zkoušel jsem ji pomalu vláčet hned vedle břehu. Byl jsem na hloubce něco přes metr a místo to bylo tak pěkné, že být rybou, jistě bych si ho i sám vybral.

I zde jsem marně hledal přítomnost jakýkoliv malých rybiček. V tůni pod jezem jsem mimo těch, co sbíraly cosi z hladiny, žádné neviděl a ani v řece nad jezem, jsem mimo spousty skutečně malého potěru, neviděl žádnou malou rybičku. Samozřejmě, že jsem tu viděl osamělé kormorány, ale nebylo jich mnoho a nechtělo se mně věřit, že jenom ti by mohli, tak hodně zdecimovat populaci malých rybiček.

Když jsem došel k závěru, že tedy skuteční predátoři musí být dole pod hladinou, vzpomněl jsem si na setkání s tou opálenou farmářkou. Řekla mně také, že před deseti lety tu vysadili nad jezem „Murray Cod", dravou rybu, která podle příručky pro rybáře dorůstá váhy až 45 Kg a podle obrázku vypadá velice žravě.

Po tomto poznání můj proutek nahozený na krevetku vypadal groteskně titěrný. Naštěstí jsem si ale také vzpomněl, že ta farmářka říkala že tito dravci na podzim neberou. Takže jsem bez obav pokračoval v lovu žlutých břich a kaprů.

Slunce se na chvíli schovalo za strom nade mnou, ale za další chvíli, která se mně zdála být jen vteřinou, mě již opět pálilo do nosu. Kde jsou jen ty ryby? Že by je tu Frank už vychytal? Kladl jsem si jednu pošetilejší otázku za druhou. Nakonec to, že ryby neberou jsem přiřkl mé tradiční schopnosti přijet na místo, kde ryby ještě včera braly, ale dnes již brát nebudou.

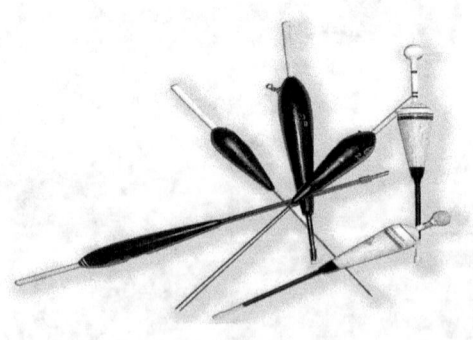

Sedmé probuzení

Včerejší den byl plný přímo vzorového nebraní, ale přesto byl špičkovým zážitkem v přívalu mých rybářských zážitků. Ta jedna mrtvá krevetka nejenom že vydržela celý den, ale je dokonce na háčku ještě i toto ráno. Ostatní živé jsem pustil zpět do řeky a tak dnes mohu lovit jen na těsto či na tu jednu, dosti již obnošenou krevetku. Věřím, že ulovit kapra pod jezem či nad jezem není žádným velkým úspěchem. Rozhodl jsem se proto, že zkusím znovu lovit na umělou nástrahu. Minulý lov s umělou muškou pod jezem byl vrcholně neúspěšný a cítím, že je třeba se s tímto znovu utkat.

Sliboval jsem si, že tentokráte tomu dám vše co mám, chuť, úsilí, vytrvalost a veškeré mé skromné umění. A tak jsem začal s navazováním nové, přímo ukázkové umělé krevetky.

No a takto motivován jsem usedl a vázal. Vytvořil jsem hned několik umělých krevetek, a ačkoliv ony zpočátku vypadaly slibně, dalším přidáváním nezbytných okras se z nich nakonec vylíhly jakési prehistorické druhy.

Když jsem takto uvázal čtvrtou, bylo mně jasné, že lepší imitaci určitě tedy nesvedu a rozhodl jsem se nahradit tento nedostatek přidaným odhodláním zvítězit.

Musím se přiznat, že ačkoliv lovím na umělé mušky již téměř padesát let, jsem stále ještě začátečník. Chytit pstruha, tlouště či lipana se mně povedlo již častokráte, dokonce i běličky na Labi se nechaly poplést. Ale v Queenslandu jsem mimo mořských ryb, ještě nikdy žádnou jinou rybu na mušku nechytil. A tak tedy motivaci jsem měl jedinečnou.

Vyjel jsem člunem asi kilometr nad kemp a nechal se mírným proudem unášet zpět. Někdy mě proud zanesl k hlubšímu břehu, potom zase si se člunem pohrával v půli řeky a často, když jsem si nedal pozor, mě zanesl mezi vodní trávu. Při tom jsem stále poctivě házel a měnil umělé krevetky.

Pouštěl jsem návnadu ke dnu, tahal jsem ji pod hladinou i na hladině, prostě jsem činil vše, co jsem si kde vyčetl, že se má při takovémto rybolovu dělat. Jen občas jsem ucítil někdy jemný, někdy až sveřepý odpor, se kterým se šňůra na prutu nechtěla nechat tahat zpět do člunu. Byly to ale jen vázky, a po těch mnoha hodinách můj skepticismus nabyl takové míry, že kdyby skutečně nějaká ta ryba zabrala, tak bych ji to snad ani nevěřil.

V Austrálii se říká, že každý mrak má své stříbrné lemování a česky se říká, že všechno špatné je pro něco dobré. Tak i tento můj neúspěch má jistě i svou pozitivní stránku. Pokud bych ten den chytil na tu umělou krevetku nějakou rybu, dnes bych již tuto hozenou rukavici před sebou neměl. A tak jsem vlastně nyní rád, že oslava mé prvé ryby, ulovené na mušku v řece v Queenslandu, se posunuje na neurčito.

Osmé probuzení

Frank a Down se rozhodli, že na tomto místě byli již dosti dlouho a že se tedy odstěhují někam jinam. Byli se podívat na jedno nové místo na řece, vzdálené asi padesát kilometrů. Velice se jim líbilo hlavně to, že to místo je zase jiné a že vypadá opuštěně. Mně se zase líbilo, když Frank řekl že je tam plno těch proklatých kaprů. A když Down dodala že tam asi žádné jiné ryby nebudou, „když je tam plno těch proklatých kaprů", mé nadšení neznalo mezí.

Nepamatuji si již přesně, jestli Frank a Down čekali na mě nebo já na ně, ale nakonec jsme se dohodli že již čekat nemusíme a vyrazili jsme k novým horizontům. Před odjezdem mně Frank vysvětlil, že jedeme do státní rezervy. Když viděl že nevím o čem mluví, vysvětloval dále: „Tyto rezervy jsou kousky státem vlastněných pastvin, roztroušené po Queenslandu. Farmáři v době sucha mohou hnát skot od jedné takovéto rezervy k druhé a doufat, že než spasou všechnu trávu ve všech rezervách, tak v Queenslandu opět zaprší." Dodal, že v podstatě tyto rezervy používají již jen sousedící farmáři, neboť doby, kdy honáci krav žili se svým stádem, jsou již jen spíše předmětem vyprávění hodně starých pamětníků.

Kvůli snadnému přístupu k pitné vodě, byly rezervy vyhrazeny většinou u řek a potoků a jsou proto atraktivním cílem rybářů. To tedy těch, kteří o nich vědí. Rezervy ale nejsou na žádných mapách, které jsem v obchodech našel či ani na webových stránkách Ministerstva zemědělství. Pokud bych nenásledoval Franka, určitě bych tuto rezervu nenašel.

Zabralo nám to tak hodinu jízdy po téměř opuštěných cestách a byli jsme u cíle: Asi dvě stě metrů široký pruh pastviny, který se táhnul podél řady eukalyptů lemujících řeku, skrytou kdesi dole pod břehem.

Zdálo se, že pokud ta pastvina kde končí, tak tedy ne nikde blízko. Protější břeh se svažoval mírně do vody a tvořil dlouhé mělčiny, ze kterých vykukovaly pahýly potopených stromů. Náš břeh byl sice hlubší, ale snad jen o metr. Co mu chybělo do hloubky si vynahradil na výšce, se kterou se tyčil nad vodní hladinou. Na břehu bylo zcela zřetelně vidět, že oproti původní úrovni hladiny, řece chybí tak dva metry. V Queenslandu bylo v posledních letech veliké sucho, takže

144

většina rybníčků je vyschlá a velké vodní přehrady mají jen malou část své kapacity. Frank se mě zeptal co vidím na protějším břehu jiného, než je na našem břehu? Řekl jsem mu, že je mělký. On na to odpověděl že to je jasné, to přeci vidí každý. „Ale něco jiného, zvláštního", trval na svém Frank.

Když jsem neuhodl, Frank mně vítězoslavně sdělil, že ten druhý břeh je již Nový Jižní Wales a Queensland končí na našem břehu. „A tam k lovu na řece již musíš mít povolenku!" řekl rozhořčeně, trochu zasakroval a pokračoval. „Takže zde mohou lovit na lodičce třeba dva rybáři, jeden musí mít povolenku a druhý ne. Záleží na tom, kde jim byl vydán řidičský průkaz."

Frank chtěl tuto situaci probádat ještě hlouběji a začal něco na téma, jako co když jeden nemá řidičský průkaz? K velkému neštěstí nás dvou, Down měla ovšem jiné představy, co má Frank dělat právě nyní se svým časem. Frank tedy srazil kramfleky a odcupital k autu něco uklízet, a já jsem začal hledat ty „proklaté kapry", o kterých Frank i Down včera mluvili s tak velkou nechutí.

Voda v řece byla poměrně čistá. Tedy vzato v relaci k jiným australským řekám, protože některé z nich jsou spíše tekoucí bahno než řeka. Brzy jsem rozpoznal na mnoha místech bublinky od ryjících kaprů a kalné pruhy zvířeného bahna. Kaprů tu bylo skutečně požehnaně, a mně bylo jasné že je tu nikdo neloví.

Nafoukl jsem člun, naložil pruty a vydal jsem se proti velice, velice mírnému proudu řeky. Musel jsem dávat pozor na větve potopených stromů, zanesených do řeky při povodních, a stále se ohlížet přes rameno, abych nezajel do četných ploch zarostlých vodní trávou.

Po snad ani ne kilometru jsem narazil na písečné mělčiny, asi půl metru hluboké. Nejenom že se táhly napříč přes celou řeku, ale podle přibývajících naplavených stromů jsem usoudil, že pokračovaly i dále, než jsem měl dnes naplánováno se vydat.

Vrátil jsem se tedy do prvé hlubší tůňky pod mělčinami a nahodil na těsto. Ani jsem nestačil rozbalit druhý prut a už mně nějaká ryba tahala splávkem. Několikráte jsem ji zkusil zaseknout, ale mé záseky byly neslané, nemastné. Nebyl jsem si totiž jistý, jestli skutečně chci tu rybu ulovit; co když to bude kapr?

Nakonec jsem ale neodolal a prut se ohnul. Byl to kapr. Nechtělo se mu vyplavat z tůně a tak jezdil jen po tom malém prostoru a bylo zřejmé, že zapomněl, že má vlasec omotat kolem nějaké potopené

147

větve a tak ho utrhnout. Když jsem ho nakonec přitáhl ke člunu, zjistil jsem ke své veliké nelibosti, že jsem také na něco zapomněl: Neupiloval jsem zpětný háček!

Přestal jsem rybařit a seděl jsem jen a díval se kolem. Tu a tam vyskočil z vody kapr a nevědět že jsem v Austrálii, nechal bych se sklánějícími smutečními vrbami zmást k představám, že jsem někde v Čechách. Někde na starém Labi, o kterém mně děda, jako malému klukovi vyprávěl. Na řece plné tůní a leknínů, na řece plné ryb a čisté vody. Na té mé pohádkové řece.

Deváté probuzení

Frank se moc k rybaření neměl. Byl očividně zdrcen, kdykoliv se podíval na hladinu řeky, kde se proháněli macatí kapři. Zmohl se zatím jen na to, že položil pasti na krevetky a dnes ráno je vytáhl. V každé pasti měl tak dvacet krevetek či malých ráčků, a to mu pro dnešek stačilo - dnes již lovit nebude! Tímto rozhodnutím mě uvítal, když jsme se potkali u jeho loďky. Nestačil jsem mu na to ještě ani odpovědět, když Frank začal náhle hrozně nadávat a zápasit s čímsi na ruce.

Jak se brzy ukázalo, zapíchnul si do ruky kus kaktusu, který se nechtěl Frankovy ruky pustit. Nebyl to ale jen tak obyčejný kaktus. Byl to ten největší „nevlastní syn", jak se k nezastavení Frank o něm hlasitým nadáváním vyjadřoval. Přeloženo doslova, jeho nadávky sice patřily tomuto „nevlastnímu synovi", ale přeloženo lidsky, Frank spíše mluvil o „hajzlovi" jakémsi, čímž ten kaktus jistě byl.

Down mu ho vytrhla kuchyňskými kleštěmi a další hodinu potom oba usilovně hledali a pálili všechny kaktusy kolem. Cítil jsem s nimi skutečnou solidaritu a začal jsem tedy ty kaktusy také hledat. Nebyla to ale práce, která by vyžadovala hlubokého soustředění, a tak jsem jen mechanicky hledal a přemýšlel o kaktusech a jejich místě v našem světě.

Prvým zjištěním bylo, že trny kaktusu velice dobře ochraňovaly své majitele. To mně bylo jasné podle kruhu nespasené trávy kolem každého kaktusu. Také mě ale napadlo, že vlastně ty ostny jsou důvodem k tomu, abychom my lidé, tyto rostliny neměli v lásce a dokonce je i ničili. Každý kaktus, který skončil v ohni, po chvíli slabě bouchnul nahromaděnou párou a jeho „áááách" bylo jakýmsi nářkem, proč právě on musel mít tu smůlu.

Po hodince jsme vyčistili od těchto „nevlastních synů" celé prostranství kolem kempu a i kolem břehu, a mně najednou došlo, že ty ostny při styku s lidmi, kaktusům namísto ochrany přinesly zkázu. Pokud kaktusy byly vytvořeny evolucí, potom to muselo být dlouho předtím, než se v přírodě objevil člověk. Pokud je stvořil bůh, potom zapomněl, že bude ještě tvořit Adama s Evou. V každém případě s přítomností člověka se u kaktusů asi nepočítalo. Při dopoledním šálku čaje jsem přišel k závěru, že s přibývajícími lidmi bude kaktusů ubývat, čímž jsem zjevně Franka potěšil.

Odpoledne, hned u břehu blízko mého stanu, jsem objevil kouzelné zátiší a s Frankovou pomocí jsme si udělali přístupovou cestičku až dolů k řece. Nahodil jsem splávek k ploše vodní trávy, asi deset metrů od břehu, a se zájmem jsem pozoroval, jak nějaká ryba se dvoří té mé kouli těsta. Rozhodl jsem se, že tentokráte ji nechám a nebudu se ani snažit zaseknout. A ryba pokračovala. Tahala splávek sem a tam, ťukala do něj, dokonce ho několikráte vážně potopila, ale těsto se drželo. Když již to trvalo několik dlouhých minut, neodolal jsem a při jednom větším rozjezdu jsem rybu zaseknul. Byla zřejmě tak zmožená zápasem s tím těstem a splávkem, že se nechala táhnout jako pytel až téměř k samému břehu. U břehu jsem v rybě poznal kapra a nebyl zrovinka nejmenší.

Ze svého kempu Frank viděl špičku ohnutého prutu a přispěchal s podběrákem na pomoc. Než se ale stačil přemístit dolů k vodě, kapr sebou nějako velice šikovně hodil a byl pryč.

Frankovi se hned vyhladily vrásky nad nosem, které se mu vždy udělaly, kdykoliv jsem mu řekl že jsem sice kapra zasekl, ale že mně utekl. O upilovaném zpětném háčku, na který jsem tentokráte nezapomněl, jsem se ale raději nezmínil.

Než jsem odjel, Frank mě ještě naučil vázat uzel, který každý pořádný řidič nákladáku musí znát. S rybařením to ale nemá nic společného, snad jen pokud by jeden ulovil obzvláště velkou rybu a vezl ji domů na trakaři. Potom při přivazování té ryby provazem je tento uzel k nezaplacení.

Když Frank viděl můj veliký zájem, jaký jsem projevil o ten uzel, rozhodl se že mě naučí ještě i něco jiného. Povšimnul si totiž, že si vařím často čaj a to prý dosti barbarsky. Takže mě naučí, jak se v buši tradičně vaří čaj.

Rozdělali jsme ohýnek, zavěsili konvici a jakmile se voda začala vařit, Frank začal s obřadem. Nejprve do vařící se vody hodil čaj, potom odešel k nejbližšímu eukalyptu a utrhl z něj jeden lístek. Ten vhodil do konvice, vzal konvici do ruky a několikráte s ní zatočil. Potom s ní znovu zatočil, tentokráte na druhou stranu, a voála - čaj byl hotový. A skutečně, ten lístek eukalyptu dodal čaji vynikající chuť!

Odjížděl jsem a zanechal jsem Franka a Down mezi těmi stromy plných zpívajících ptáků a u té řeky plné zlatých kaprů. Snad jen z přátelství ke mně, přestali na kapry nadávat a nazývat je zatracenými. Myslím si ale, že jim to dlouho nevydrží.

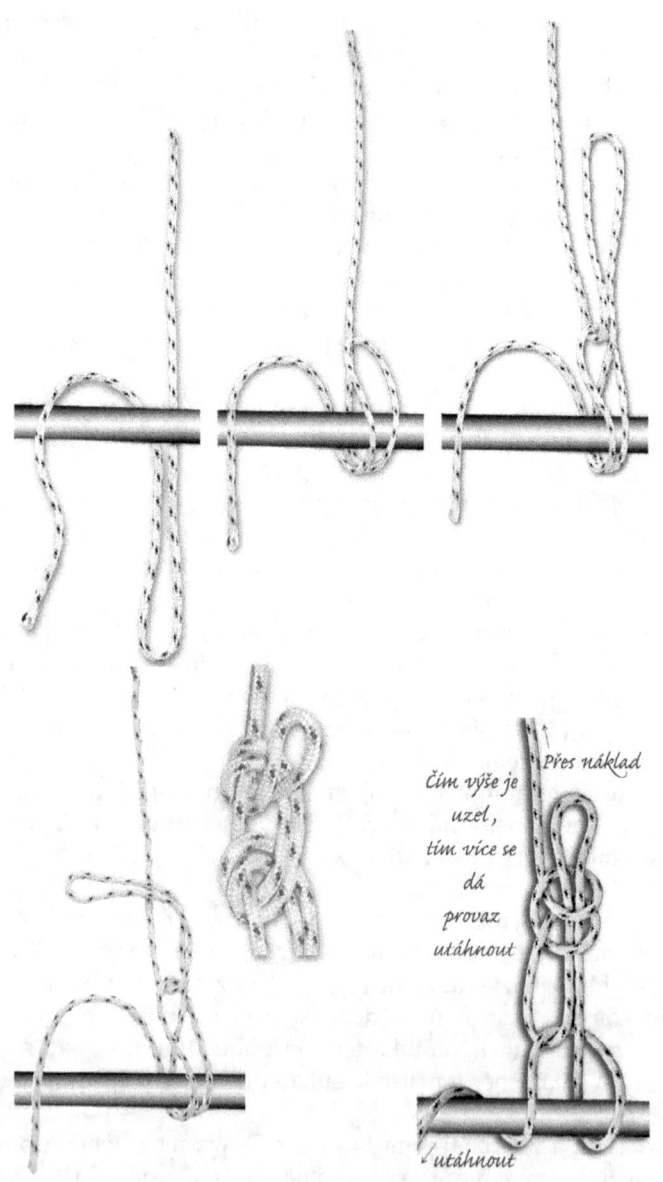

Čím výše je uzel, tím více se dá provaz utáhnout

Přes náklad

utáhnout

154

Vzdychající jezero

„Voda v jezeře se zdvíhá zhruba každých pět minut o nějakých deset centimetrů."

Raději jsem si tu větu přečetl z té příručky hned ještě jednou a podruhé dokonce i nahlas. Mám totiž jakousi vrozenou nedůvěřivost a více věřím všemu tomu co slyším, a to i když to slyším sám od sebe. Krátce jsem se nad touto záhadou zamyslel a ve svých představách jsem nakonec přidal jezeru přívlastek „vzdychající". Žádné lepší vysvětlení mne totiž nenapadlo.

Příručka byla jednou z nesčetných tiskovin, kterými na Novém Zélandě, a specielně v Queenstownu, obdařují každého turistu přinejmenším jednou. Takže jsem měl přímo černé na bílém, že tu existuje cosi nevysvětleného.

Samozřejmě, že jsem se na tento fenomén hned ptal kolem, ale nikdo nevěděl proč to tak je. Velice ambiciosně jsem si slíbil, že tuto záhadu vyřeším ještě dříve než odjedeme; sluníčko ale svůdně svítilo a já jsem na svůj slib brzy zapomněl.

Když jsem totiž uviděl prvý krásný potok, či spíše to byla již řeka, tekoucí z hor v pozadí a plná průzračné vody bublající přes kameny, hned jsem začal přemýšlet o pstruzích. Za každým kamenem jsem si představoval minimálně jednoho, dychtivě lapajícího po všem, co mu plulo před nos. A o něco dále, kde se řeka vlévala do ohromného jezera, tam se má představivost rozběhla do otáček, kdy obvykle již ztrácím objektivitu a soudnost.

Jenže účel mé cesty na jižní ostrov Nového Zélandu byl od rybaření velice vzdálen, a tak teprve změna slunečných dnů v jedno deštivé odpoledne, typické pro zimní dny v této části světa, mně nakonec dovolila zažít malou trochu rybaření.

Na řekách rybářská sezóna ale ještě nezačala, a tak na mě zbylo jen rybaření na jezeře. Jezera se totiž nepočítají jako plnohodnotné revíry, a z tohoto důvodu i rybaření na nich není považováno za to nejlepší, co Nový Zéland nabízí. Je na nich proto dovoleno rybaření po celý rok a v podstatě slouží spíše k zásobování mrazáků místních rybářů superiorním rybím masem.

„Když nic na řece nechytíme, jedeme potom obvykle na jezero nějakého ulovit", řekl Stu, který provází turisty-rybáře po jižním ostrově. Tentokráte mě ale neprovázel, nýbrž vezl ve své motorové lodi po jezeru k místům, kde i v tento roční čas nějakého pstruha bych měl ulovit i já.

Od jihozápadu foukal slabý větřík a slunce, schované za nízkými mraky, jen občas svazkem svých paprsků proráželo až na hladinu jezera a krátce na něm kreslilo svůj blýskající se portrét. Dala se do mě zima a ve skle dveří kabinky jsem si povšimnul, že vypadám nabalený na lyžování a ne na rybaření. Bylo to podruhé co jsem v Novém Zélandě rybařil. Poprvé se tak stalo, když jsem navštívil severní ostrov a jedno z jeho kouzelných jezer, pojmenované podle své čisté vody na Modré jezero. Tenkráte jsem tam zažil něco, co se mně ještě nikdy při rybolovu nestalo, a věřím že se ani již nikdy nestane. Tento příběh jsem vyprávěl několikráte, a vždy mě posluchači, a to ačkoliv všichni byli mí dobří přátelé, podezřívali z rybářské latiny. Nedovedl jsem si představit, co by na tento příběh řekli lidé, kteří mě neznají. A tak z těchto důvodů jsem o svém nezapomenutelném zážitku většinou mlčel. To tedy až doposud; nyní ale cítím, že píšíce o Novém Zélandu, musím se k ucelení představ o tomto neskutečném zážitku alespoň krátce zmínit.

Bylo časné letní ráno, ještě téměř noc, když jsem se vyhrabal z teplého spacáku a zamířil na malou, kamenitou pláž Modrého jezera. Novému dni se snad ještě ani nechtělo začít anebo hora nad jezerem, která slunci zabraňovala rozzářit tento nový den, byla v tuto ranní hodinu mocnější než slunce samé. V šeru jsem si vybral z krabičky tu nejvýraznější mušku, kterou jsem si stačil koupit den před tím v jednom místním obchodě. Nápis nad ní vystavený sliboval bohaté úlovky, a já neodolal a po bohatém úlovku jsem najednou zatoužil.

Pláž byla naprosto prázdná, nikde ani živáčka, a tak jsem s chutí rozkýval prut a nahazoval co nejdále na zcela klidnou hladinu přede mnou. Podle mírně snižující se pláže jsem odhadl že místo, kam se má mokrá muška potápí, je nejvíce tak tři metry hluboké a podle jemných oblázků jsem usoudil, že se nemusím obávat pustit mušku až na samé dno. Nevěřil jsem, že by mě některý z těch oblázků o ni připravil.

Vše tedy probíhalo zcela podle očekávání, a jedině stále více a více zábnoucí nohy mně narušovaly tuto idylickou situaci. Neměl jsem totiž broďáky, které se mně jednoduše nevešly do těch dvaceti kilogramů povolených do letadla. Původně jsem to těžce nesl, jedouce na letiště bez nich, ale když se mě celníci na Novém Zélandě zeptali, jestli mám v kufru nějaké boty, které jsou buď na lezení po horách či na lovení ryb, byl jsem rád že jsem mohl říci „ne, nemám". Nevím sice co by se stalo kdybych takové boty v kufru měl, ale od té doby, kdykoliv letím na Nový Zealand, moje pohorky mám na noze a v kufru jen boty, které nepatří do žádné z těch podezřelých kategorií.

Takže jsem byl nejprve po kotníky v té velice čisté, ale i úměrně studené vodě, a jak se mé rybářské úsilí stupňovalo, zacházel jsem hlouběji a hlouběji. Podstatně se již rozednilo, a já viděl rozprostírající se jezero přede mnou v celé své nádheře. Když jsem nakonec odtrhl oči od té podívané, uviděl jsem nějakých patnáct metrů od místa, kam obvykle padala má muška, jakési zavíření. Ale obvyklé kolečko sbírajícího pstruha z hladiny se nedostavilo, a tak jsem usoudil, že to musel být pstruh sbírající pod hladinou. Vlezl jsem do vody až po samé konce mých krátkých kalhot a veškerým mým umem jsem nahazoval co nejdále. K tomu vytouženému místu mně ale zbývalo ještě nějakých deset metrů.

Zdálo se mně to jako věčnost, ale zřejmě to byl jen pouhý okamžik, než se na hladině objevilo další, tentokráte daleko větší zavíření. Podle způsobené vlny, která pozvolna připlula až k mým nohám, jsem usoudil, že se definitivně jedná o nějakého velikána.

Než jsem ale stačil nahodit, objevila se další vlna. Tentokráte její vznik byl již o pár metrů blížeji ke břehu a můj další nához padl jen asi metr před ni. Předstoupil jsem jednou nohou dopředu a připravil jsem se na boj. Po tom nápisu v obchodě jsem si byl jistý, že pstruh té mušce neodolá.

Když jsem ale dotáhl mušku až k samým nohám, bylo mně jasné, že ten nápis byl jaksi pomýlený. Začal jsem opět horečně mávat prutem, majíce oči fixované na to magické místo. Než jsem ale stačil pustit šňůru z ruky, objevilo se nové zavíření a já spatřil cosi velice černého se zavlnit pod hladinou.

„Proboha, to přeci není pstruh!", zvolal ve mně zklamaný rybář a zvědavý já zíral s údivem před sebe. Když jsem krátce na to zahlédl pod hladinou se mihnout ještě něco jasně žlutého, přestal jsem dokonce i mávat prutem.

Stál jsem bez hnutí a jistě i s otevřenou pusou, neboli přesně tak, jak tvrdí má manželka Olga, že se dívám doma na televizi. Jen nakrátko se mé překvapení změnilo ve víru v mimozemšťany, ale naštěstí další vteřiny tohoto zážitku mě přivedly opět na zem.

Z vody přede mnou totiž vystoupili dva potápěči, odění v černé neopreny, s dýchacím přístrojem na zádech a jasně žlutým snorklem. V ruce drželi harpuny a já jsem dodatečně děkoval mé zplihlé mušce, že ani jednoho z nich nezasekla a šňůře jsem děkoval, že se kolem ani jednoho z nich neomotala.

Vzpomněl jsem si na tuto příhodu právě když Stu zastavil motor a do sestavy, připomínající jakýsi rybářský „kombajn", začal líčit jeden prut za druhým. Celá ta sestava byla spíše vhodná pro sklizeň pstruhů než pro rybaření.

Na každé straně lodi měl jednu hloubkovou zátěž a sledujíce počítač na jejím rameni, spouštěl plastické třpytky do hloubky kolem dvěstě stop. Když potom ještě začal mluvit o dvacetilibrových rybách, byly mně jasné hned dvě skutečnosti: Metrický systém ještě do tohoto kouta světa nepronikl a ryby jsou tu veliké!

Po nastražení těch dvou prutů Stu nastavil ještě další čtyři, které vláčely třpytky těsně pod hladinou. Potom nastartoval malý přívěsný motor a rybolov začal. Doposud jsem ani nehnul prstem a k velkému překvapení rybáře sídlícího v mé duši jsem zjistil, že mně to docela vyhovuje. Stu, jak se zdálo, byl na takovéto zákazníky zvyklý, neboť se i nadále se mnou normálně bavil. Byl jsem trochu zaskočen: bylo to totiž poprvé, co jsem lovil takovýmto způsobem. Kdyby se jezero najednou rozbouřilo, jistě bych si připadal, jako rybáři z televizního seriálu o profesionálech, lovících v Beringově moři.

Motor tiše broukal, a jelikož k očekávanému zabrání stále nedocházelo, nechali jsme se větrem zatlačovat dále a dále směrem k závětří lodní kabiny. Na lodi jsme nebyli ale sami. Mimo Stu byli na lodi ještě dva mladící z Austrálie, a byli to právě oni, kteří jako prví zalezli do kabiny a poskytli mně tím zcela zářný příklad.

Když jsme se pohodlně uvelebili, a já začal na Stu vyzvídat, jestli vůbec kdy něco ulovil, jeden z prutů se ohnul. Po delším dohadovaní nakonec jeden z nás musel vylézt z kabiny a vzít prut do ruky. Já to dohadování vyhrál a z kabiny jsem vylézt nemusel.

Ten menší z mladíků, zřejmě zvyklý poslouchat, vylezl z kabiny a trvalo mu jen okamžik a byl opět zpět. „Pstruh se ze třpytky vyvlékl", znělo zhodnocení situace a prut zůstal nenalíčený trčet k mrakům.

Krátce na to i ten druhý prut, také nahozený do hloubky, se ohnul. Tentokráte bez dalšího dohadování opět ten samý mladík musel vyskočit a opět zcela úspěšně tu rybu ztratit. Potom jsme již jen seděli a bez vyrušování jsme se nechali unášet větrem a malým motorkem podél strmých břehů jezera.

Dno jezera se občas zvyšovalo a místy zcela zřetelně prosvítalo kolem člunu. Když jsme míjeli malý ostrůvek, jen kousek vzdálený od zurčícího potoka, padajícího ze strmého břehu do jezera, dva kormoráni se dosti uspěchaně zvedli ze stromu na ostrůvku a odlétli za úbočí hory, zahalené ve velkém, šedivém mraku.

„Ryby brát nebudou, jsou na dně", prohlásil Stu. „Pozná se to podle těch černejch hajzlů, když sedí na stromech a ne na vodě."

Potom dodal na vysvětlenou, že kormoráni se tu střílí jako škodná, zrovinka tak jako divoké kozy na stráních nad jezerem. Podíval jsem se honem na příkrou stráň plnou kamení, a nebylo mně jasné, jak potom takovou kozu najdou a hlavně snesou na loď. Napadalo mě ale, že ta zastřelená koza se zřejmě skutálí sama dolů, a tam si ji úspěšní lovci naloží. Byl jsem tak ohromen svou nápaditostí, že jsem neodolal a v kabince jsem se pochlubil mým vysvětlením. Stu mávl rukou a hned mně vysvětlil, že nikdo se nenamáhá takovou kozu hledat. „Nemají dobré maso", dodal snad na omluvu, když viděl, že jsem ho poslouchal opět s otevřenou pusou.

Když jsme přistáli v malém přístavu malebného městečka Queenstown, Stu se omlouval že jsme nic nechytili a nabídl se, že s námi pojede příští den znovu, a navíc jen za poloviční cenu. „To určitě něco ulovíte", sliboval přátelsky a dosti nevěříce nakonec přijal mé vysvětlení, že mně to vůbec nevadí že jsme nic nechytili.

Naopak, byl jsem rád. Zaslechl jsem totiž, jak Stu těm dvěma mladíkům vysvětloval, že chyceného pstruha jim zabije a jako důkaz svých vážných úmyslů vytáhl dřevěný váleček na těsto. Potom ještě dodal, že ve většině restaurací ve městě jim ho připraví k večeři, a já byl rád že jsem takovouto situaci nemusel zažít. Mám pstruhy rád, a to i k večeři, ale jako mnozí konzumenti masa, dávám pokrytecky přednost pstruhům, které jsem sám neulovil.

Než jsme se všichni přátelsky rozloučili, Stu mně utvrdil, že to, co někteří zlí jazykové tvrdí o obyvatelstvu na jižním ostrově, jako že „všichni tu jsou jedna velká rodina a všichni jsou alespoň vzdáleně příbuzní", tak to že pravda není. Vysvětlil mně, že ne každý tu je příbuzný: „V městečku Invercargill, na úplně jižním cípu strova, totiž již dva roky žije chlapík, který se tam přistěhoval a doposud si žádnou z místních děvčat nevzal", domluvil a potom trpělivě čekal až ten vtip pochopím.

Když se konečně tak stalo, srdečně se rozesmál a jeho smích udělal tečku za zajímavým odpolednem, které bylo zážitkem i když pršelo a ryby v podstatě nebraly.

Poslední den před odletem stále ještě poprchávalo. V hotelu byly všechny deštníky rozpůjčeny, a přede mnou stála ještě ta nevyřešená záhada se zdvíhající se hladinou jezera. Ze samé radosti že již zítra pojedeme domů, se nakonec i má manželka nechala přemluvit, a společně jsme vyrazili do větru a deště na naši vědeckou expedici.

Jezero naštěstí začínalo hned před hotelem, a brzy jsme našli místo s jedním potopeným kamenem, přes jehož vrcholek se přelévaly jemné vlnky. Věřil jsem, že pokud voda klesne či se zvedne, bude to jasně viditelné. Deset centimetrů je již míra zřetelně viditelná a budící i respekt. Seděli jsme na lavičce, vystaveni větru a dešti, a vyprávěli jsme si jaké to bude až přijedeme domů do tepla. Občas jsme se podívali na kámen a někdy se nám zdálo, že voda očividně klesá, ale potom hned jsme si zase byli jisti, že vlastně stoupá. Když jsme se během těch chvil již několikráte ve svých představách ocitli opět doma, sundali ze sebe zimní oblečení a lehli si na lehátko, usoudili jsme, že závěr naší vědecké expedice tuto teorii o vzdychajícím jezeře nepodpoří. Ta krásná, čistá voda se ani pro nás nenamáhala klesnou či stoupnout. Jen tiše a neúnavně šplouchala své vlnky na kamenitou pláž a pod hladinou dále skrývala ty největší pstruhy a úhoře.

Před návratem do hotelu jsme se zastavili v přístavu. „Voda v jezeře se nezdvíhá", zklamaně jsem si stěžoval místnímu provozovateli projížděk výletní lodí po jezeře, se kterým jsme se za našeho pobytu seznámili. Než ten dobrý muž ale stačil odpovědět, pokračoval jsem zpochybňováním jeho vlastního tvrzení, že voda v jezeře je 99.999 % čistá.

„Absolutně ano!" odpověděl a vedl mě k jeho zakotvené lodi, kde na jednom ze sloupů přístavního mola byla stočena prodlužovací elektrická šňůra. Zapnul ji ve vypínači a konec šňůry se zásuvkou vhodil do vody pod molem.

Nic se nedělo, ale já i přesto jsem se rychle a zcela zbytečně hned pustil kovového zábradlí. Vůbec jsem netušil co by se mělo dít, neboť to bylo poprvé, co jsem byl svědkem takovéhoto výzkumu čistoty vody. Odevzdaně jsem toto nic-nedění přijal, jako potvrzení o nezvyklé čistotě vody v jezeře a zdálo se mně, že jsem tím i mého novozélandského přítele viditelně potěšil. Jen cestou domů jsem si poopravil přívlastek, který jsem původně jezeru dal: Ukázalo se, že jezero sice vzdychající není, ale, jak nám bylo názorně demonstrováno, je čisté až na tři desetinná místa.

Věnováno všem dobrým lidem,
kterým stačí krásu jen obdivovat.